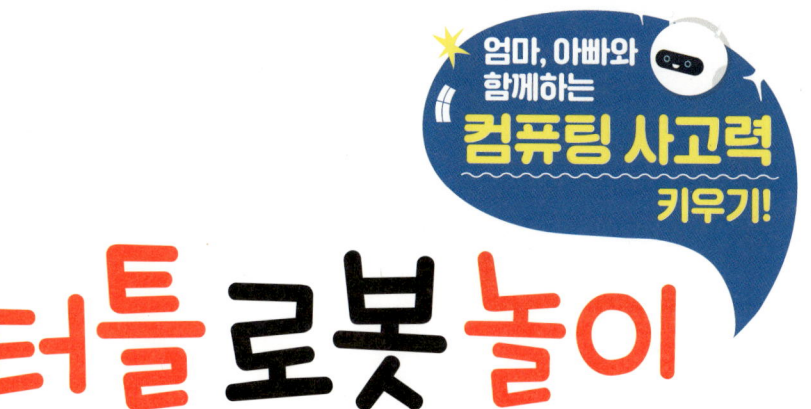

터틀로봇놀이

라인 코딩편

YoungJin.com Y.
영진닷컴

코딩 첫걸음!
엄마, 아빠와 함께하는 컴퓨팅 사고력 키우기
터틀 로봇 놀이 : 라인 코딩편

1판 1쇄 발행 : 2018년 3월 6일
1판 4쇄 발행 : 2024년 5월 8일

발 행 인 : 김길수
발 행 처 : (주)영진닷컴
등   록 : 2007. 4. 27. 제16-4189호
이 메 일 : support@youngjin.com
주   소 : (우)08507 서울특별시 금천구 가산디지털1로 128 STX-V타워 4층 401호

Copyright ⓒ2024 by Youngjin.com Inc.
401, STX-V Tower, 128, Gasan digital 1-ro, Geumcheon-gu, Seoul, Republic of Korea, 08507.
All rights reserved. First published by Youngjin.com. in 2018. Printed in Korea

저작권법에 의해 한국 내에서 보호를 받는 저작물이므로 무단 전재와 복제를 금합니다.

ISBN : 978-89-314-5709-4

독자님의 의견을 받습니다.
이 책을 구입한 독자님은 영진닷컴의 가장 중요한 비평가이자 조언가입니다. 저희 책의 장점과 문제점이 무엇인지, 어떤 책이 출판되기를 바라는지, 책을 더욱 알차게 꾸밀 수 있는 아이디어가 있으면 팩스나 이메일, 또는 우편으로 연락주시기 바랍니다. 의견을 주실 때에는 책 제목 및 독자님의 성함과 연락처(전화번호나 이메일)를 꼭 남겨 주시기 바랍니다. 독자님의 의견에 대해 바로 답변을 드리고, 또 독자님의 의견을 다음 책에 충분히 반영하도록 늘 노력하겠습니다.
파본이나 잘못된 도서는 구입처에서 교환 및 환불해 드립니다.

STAFF
저자 남기원, 한승철, 이수연, 장유진 | **책임** 김태경 | **진행** 성민 | **디자인 · 편집** 김효정
영업 박준용, 임용수, 김도현, 이윤철 | **마케팅** 이승희, 김근주, 조민영, 김민지, 김진희, 이현아 | **제작** 황장협 |
인쇄 제이엠인쇄

저자의 글

저자 남기원

우리 아이 컴퓨팅 사고력을 위한 코딩 교육!
터틀 로봇으로 시작해보세요!

교육은 학습자의 긍정적인 변화와 발달을 기본적인 목적으로 하고 있습니다. 따라서 교육은 교육 대상에 대한 이해를 바탕으로 이루어져야 하며, 교육을 통해서 학습자의 지식, 기술, 태도적인 변화가 긍정적으로 일어날 때 참 의미가 있습니다. 또한 교육 내용은 현 사회뿐만 아니라 학습자가 살아가야 하는 미래사회의 문화적인 변화를 반영해야 합니다.

특히 유아를 대상으로 한 교육에서는 이러한 교육의 본질과 더불어 유아기의 발달특성을 반영한 교육실행이 더욱 중요시되며, 매 순간 신중을 기해야 합니다. 일반적으로 유아대상의 교육에서는 교육의 기회와 내용을 유아가 주체적으로 선택하기 보다는 성인이 더 많은 선택권을 갖기 때문입니다.

필자는 대학부속유치원에서 10여 년 근무하면서 국가수준의 교육과정 및 이에 근거한 교육프로그램을 개발하면서, 지속적으로 사회 문화적으로 의미 있는 교육내용 개발에 힘써왔습니다. 교육프로그램 개발 시에 가장 기본이 되어야 하는 핵심 요소들이 몇 가지 있는데, 그중 하나가 유아기에 '이 경험이 꼭 필요한가?'입니다.

유아들의 삶은 수많은 즐거움으로 가득차야 하며, 상상이 자발적으로 발현될 수 있는 쉼표가 필요합니다. 유아들의 하루에서 웃음과 한가로움이 빠져있다면, 유아는 아니 우리 자녀는 '아이다움'을 잃어버릴 수 있습니다. '아이다움'은 유아들만이 누릴 수 있는 특권이며, 미래 자신의 삶을 위한 창의적인 생각, 도전, 실패를 통한 발달을 경험할 수 있는 행복한 성장의 필수요소입니다. 따라서 성인인 우리들은 유아를 대상으로 한 교육의 내용과 교수학습 방법에서 보다 신중을 기하며, 교육과정에 유아들의 다양한 요구들을 수용할 수 있는 통합과 융합의 요소들을 반영해야 합니다.

필자의 이러한 교육개발관련 철학은 한 가지 경험을 통해 더욱 확고해졌습니다. 초임 교사시절, 방송국의 어린이날 특집 프로그램에 참여한 적이 있는데, 근무하던 대학부속유치원의 아이디어로 만들어진 프로그램명이 '장난감 없는 유치원'이었습니다. 모두가 교육적으로 의미 있는 환경과 교구를 제공함에 대해서 중요성을 강조하는 그 시기에 '장난감 없는 유치원'이라니…?

필자는 한 달여 동안 7살 어린들과 장난감이 전혀 없는 교실에서 지내면서 10여 년의 교사 생활에서 손에 꼽히는 의미 있는 경험을 하게 되었는데 유아들의 생각과 자발적 탐색, 그리고 소통을 통한 놀이와 놀이규칙의 자발적 생성, 그리고 그 안의 수많은 즐거움 요소들은 유아뿐만 아니라 교육자인 나에게도 성장의 기회가 되었습니다. '부족한 것 없는 현대사회에서 우리들은 유아기의 다양한 경험이 중요함을 강조하면서, 보다 근본적인 놀이의 본질을 잃어가고 있는 것은 아닐까?' 유아들의 교육에서는 '더해야 하는 것'과 '빼야하는 것'의 균형이 중요합니다. '빼기'는 결핍을 뜻하는 것이 아니라, 유아들이 자신의 경험을 내면화하면서 진정한 성장이 이루어지는 '경험의 체득화' 시간이 될 수 있습니다. 따라서 유아들에게 '무엇을 가르쳐야 하느냐?'는 보다 신중을 기해 선별되어야 하며, 발달에 근거해 과중되지 않도록 해야 합니다.

굳이 4차 산업혁명을 인용하지 않더라도 현대사회는 많은 변화가 있으며, 우리 아이들은 더 큰 변화가 기다리는 미래를 맞이해야 합니다. 이미 발견된 지식의 습득이 아니라 새로운 지식에 대한 지적 호기심과, 이를 추구하는 탐구적 태도, 미래사회에서 경험하게 될 수많은 문제들을 수용하면서 창의적으로 해결할 수 있는 소양(literacy)이 필요한 것입니다. 미래를 즐기는 소양(literacy)은 즐거움을 내재되어 있는 경험을 제공함으로써 가능하며, 특히 '생각하기를 즐기는 경험'과 안정적인 심리적 기반을 통해 지적 탐구에 대한 흥미를 갖도록 안내해야 합니다. '생각하기를 즐기는 경험'은 사고력에 잔 근육을 만드는 것과 같습니다. 유아와 아동기에 형성된 사고력의 잔 근육은 발달 시기뿐만 아니라 이후의 학습태도를 결정하며, 문제 해결에 있어서 주체적인 참여와 성취와 연결되는 중요한 삶의 태도입니다.

이에 본 저자는 유아를 대상으로 한 국가교육과정과 유아-초등 연계 교육 프로그램을 개발한 경험을 바탕으로 본 책을 준비했습니다. 국가수준을 고려한 컴퓨팅 사고력, 언플러그드, 프로그래밍 토이 책은 극히 드문 상황에서 본 책이 유아, 초등학생, 그리고 이들의 부모, 교육전문가에게 보다 쉽고 의미 있게 다가가는 책이 되기를 기대해 봅니다. 가장 기본적인 내용들을 간략하게 기술함으로써 누구나 쉽고 즐겁게 놀이할 수 있도록 중점을 두어 집필했습니다.

본 책의 작업이 저자인 저에게도 새로운 도전을 통한 성장의 기회가 되었음을 고백하며, 마지막으로 본 책을 통해 부디 저의 마음이 전달되는 기회가 되기를 소망해봅니다. 모든 과정에서 함께해준 가족과 교육자로서 성장하도록 도와주신 지도 교수님 및 학과 교수님들, 부속유치원, 그리고 연구실 모든 식구들과 책을 감수해주신 한승철 교수님, 바쁘신 와중에 격려의 마음을 담아 추천의 글을 보내주신 모든 분, 영진출판사 관계자분들께 감사의 말씀을 드립니다. 사랑합니다. 추운 겨울, 쌓인 눈을 녹이는 봄의 그 따스함만큼 깊이 사랑합니다.

2018년 2월
저자 남기원 드림

저자의 글

저자 이수연

시대의 흐름과 사회 변화에 따라 아이들이 무엇을 배우고, 어떤 방법으로 배우는 것이 좋을까에 대한 교육자들의 고민이 달라져야 합니다. 하지만, 아이들은 놀이를 통해서 가장 잘 배울 수 있다는 사실은 시대의 변화와 상관없는 불변의 진리입니다. 우리의 아이들이 어떻게 잘 놀 수 있을지 고민하고 무엇이 교육적인가에 대해 끊임없이 생각해야 할 책임을 가진 교육자로서 터틀 로봇을 가지고 '잘 놀 수 있는' 방법을 고민했습니다. 특히, 미래에 살아가기 위해 아이들이 길러야 하는 능력 중 중요한 역량인 컴퓨팅 사고를 증진하기 위한 방법을 고민하고 놀이를 통해 만지고 생각할 수 있는 활동을 담아 이 책을 구성했습니다. 터틀 로봇은 끊임없이 손을 움직이며 노는 특성을 가진 아이들의 새로운 생각의 도구가 될 수 있을 거라 기대합니다. 특히, 컴퓨터가 생각하는 방식을 컴퓨터 없이 터틀 로봇을 직접 조작해 봄으로써 자신의 생각을 구체화할 수 있을 것입니다. 이러한 과정의 경험을 통해 호기심이 증진되고 과학과 기술, 공학, 수학에 대한 개념을 몸으로 익힐 수 있는 경험을 할 수 있을 거라 생각합니다.

저자 장유진

사람의 움직임에 반응하는 TV, 음성인식이 가능한 냉장고, 인공지능이 탑재된 에어컨 등 우리의 생활을 보다 편리하게 만든 핵심은 바로 소프트웨어(SW)입니다. '소프트웨어'하면 어떤 생각이 떠오르나요? 뭔가 컴퓨터와 관련되어 있을 것 같고, 컴퓨터와 관련된 일을 하는 사람들에게만 중요할 것 같다고요? 소프트웨어는 지금보다 더 많은 곳에 쓰이며 우리 생활에 점차 큰 영향을 주게 될 것입니다. 여러분이 살아갈 미래에는 읽기, 쓰기, 셈하기 그리고 여기에 한 가지 더! 컴퓨팅의 원리를 기반으로 문제를 효율적으로 해결할 수 있는 능력인 '컴퓨팅 사고력'도 필수라고 합니다. 이러한 필요성에서 우리는 2019년부터 초등학교에서 소프트웨어에 대해 배우게 됩니다. 소프트웨어 교육을 통해 일상생활 속에서 만나게 될 문제 상황들을 분석해서 이해하고, 문제를 해결하는 순서를 고려해서 보다 효율적으로 문제를 해결할 수 있도록 생각하는 힘을 기를 수 있습니다. 이 책은 여러분이 '터틀 로봇'이라는 작은 로봇과 함께 놀이하며 어렵지 않게 소프트웨어에 대해 배울 수 있는 내용으로 이루어져 있습니다. 색깔 코딩 카드와 색깔 명령을 사용해서 터틀 로봇에게 주어진 다양한 문제 상황을 이해하고 미션을 해결하다 보면 어느새 창의적인 생각과 논리적 사고, 문제 해결능력이 쑥쑥 자라 있을 거예요!

자! 그럼 지금부터 터틀 로봇과 함께 신나게 놀아볼까요?

추천의 글

우리 주변을 둘러보면 컴퓨터를 쉽게 접할 수 있다. 이젠 컴퓨터 없이는 아무것도 할 수 없는 사회가 되었다. 컴퓨터는 명령어들을 코딩한 프로그램 즉, 소프트웨어에 의하여 동작하는 기계장치이다. 이러한 기계장치를 하드웨어라 하고, 이 하드웨어를 움직이게 하는 것이 소프트웨어인 것이다. 올해부터 초등학교와 중학교 정규과목으로 소프트웨어를 필수로 배우게 된다. 지금까지 대학이나 전문 교육기관에서만 다루었던 과목이었던 만큼 어려운 과목임에는 틀림없다. 실제 많은 학생들이 수학만큼이나 소프트웨어 관련 과목을 어려워한다. 컴퓨팅 사고가 익숙하지 않은 상태에서 논리적 사고를 하기에는 어려웠고, 재미가 없다는 것이다.

본 교재에서 출현하는 터틀 로봇은 컴퓨터 장치와도 같다. 연속적 명령에 따라 움직이며 목적을 달성한다. 여기서 연속적 명령이 곧 코딩이며 반복적 코딩 훈련은 컴퓨팅 사고를 증진하고, 어렵고 복잡한 문제를 단순화하여 보다 쉽게 문제 해결능력을 배양한다. 본 교재는 아이가 순서에 따라 명령 카드를 터틀 로봇에 입력하여 주어진 문제를 해결함으로써 자연스럽게 코딩 교육과 컴퓨팅 사고를 하도록 유도하고 있다. 아이의 눈높이에 맞도록 직관적인 다양한 선 모양과 색깔로 코딩하도록 구성하였고, 응용 활동에서는 아이들이 흥미를 가질 수 있는 주제로써 창의성을 발휘할 수 있도록 하였다.

본 교재를 통한 코딩 교육이 반드시 컴퓨터 프로그래머 양성에 목적을 두지 않았다. 아이들이 살아가야 할 미래는 주변에 수많은 컴퓨터들과 상호 협력하며 살아가야 할 세상이기에 논리적 사고력을 키우고, 정확하고 신속한 판단력을 갖춘 컴퓨팅 사고력이 다양한 직업군에서 그 효력을 발휘할 것이다.

부산대학교 IT응용공학과 교수 김주만

컴퓨팅 사고는 우리 모두가 이미 일상생활에서 효율적으로 살아가기 위해 너무나도 익숙하게 하고 있는 '그 자체'이다. 이 책은 바로 우리들의 익숙한 '생각하기'를 놀이로 접목하여, 놀면서 사고하기를 즐길 수 있는 도구가 될 것이다.

단국대학교 융합기술대학 교수 김기원

'컴퓨터'와 '사고'라는 단어가 주는 딱딱함과 개인적 몰입의 그 선입관을 깨는 책! 이 책에서의 '문제'는 사고를 촉진하고, 소통을 증진하며, 공감을 불러일으킨다. 바로 이 책을 함께 본다는 것은 즐겁게 함께 성장할 수 있음을 뜻하는 것이다.

국립창원대학교 컴퓨터공학과 교수 정성욱

자녀들의 사고력 증진을 위해 고민하던 많은 부모님께. 댁의 자녀들이 가정과 학교에서 또래들과 '주체적 놀이자'가 될 수 있는 길이 있다. 바로 이 책은 터틀 로봇에 대한 기본적 이해를 바탕으로 다양한 놀이를 지원하는 자료들이 함께 개발되어 있어 끊임없는 사고와 문제 해결의 기회를 창출할 수 있다. 이제 자녀에게 디지털 매체를 이용한 '주체적 놀이자'가 될 기회를 선물하자.

동명대학교 총장 정홍섭

아이들은 모두 손으로 무언가 만져보고 움직여 보며 생각하는 힘을 기른다. 우리들의 기억을 더듬어보자. 어떠한 기억이 의미있게 느껴지는가? 바로 자신이 좋아하는 것들을 만져보면서 무언가 즐겁게 알아가고 그 과정에서 성장하는 나를 발견해오지 않았을까?

빠르게 변화하는 이 시대, 우리 자녀들에게 꼭 필요한 컴퓨팅 사고와 교육용 프로그래밍을 어떻게 하면 쉽고도 재미있게 가르칠 수 있을까?

터틀 로봇은 바로 4차 산업혁명 시대를 이끌어갈 우리 아이들 발달에 적합한 프로그래밍 장난감으로, 이 책을 통해 쉽고 재미있게 터틀 로봇의 작동 원리를 이해하고 교육용 로봇 프로그램을 움직이는 방법을 배울 수 있을 것으로 기대한다. 교육용 로봇 프로그램에 즐거움을 더한 책이 바로 이 책이기 때문이다.

교육은 사회의 변화를 반영하는 것으로 학부모 교사 교육자들은 모두 우리 자녀들이 사회 문화적 변화를 적극적으로 받아들이면서도 바람직한 방향으로 계속 변화 발전하도록 주의를 기울일 필요가 있다. 디지털 매체가 자연스러운 일상환경이 되고 있는 이 시대, 이러한 매체를 활용하여 소통하며 놀이를 통해 배울 수 있는 기회를 제고했다는 것. 그 자체로 의미가 있는 일이다. 모쪼록 이 책이 우리 아이들에게 디지털 미디어와 더불어 성장하는 '나'를 발견하는 역할을 다하기를 기대한다.

중앙대학교 교육학과 교수, 교수학습개발센터장 송해덕

유아는 우리나라 미래의 가치를 결정한다. 유아들을 기르고 지원하는 것은 바로 국가가 그리고 성인들이 해야 할 일이다. 미래가 요구하는 인재의 길이 무엇일까?

바로 미래의 변화를 예견하며, 이를 즐겁게 준비하는 태도를 길러주는 것이 아닐까? 이것이 교육환경의 변화를 반영하는 이러한 책들이 계속해서 출간되어야 하는 이유이다.

컴퓨터공학박사, 신한은행 ICT기획부 팀장 이광식

추천의 글

우리 모두는 새로운 것에 익숙해질 때까지는 모두가 어린아이처럼 배워야 할 것이다. 만져보고, 이야기하면서, 즐겁게 하다보면 어느새 익숙해진다. 바로 이 책이 우리 모두에게 그 기회를 제공할 것이다.

변호사, 컴퓨터공학박사, 법무법인 거인 대표 **조종환**

인터넷이 보급되면서 사람들의 생활과 생각을 급속히 변화시켰고 경계의 구분 없는 융합을 강조하는 4차 산업혁명에서는 이를 더욱 가속화시킬 것이다. 이러한 환경에서 잘 적응하려면 기존의 틀에 갇힌 교육이 아닌 무언가 새로운 것을 쉽게 도전하고 즐길 수 있도록 도와줄 수 있는 교육체계로의 변화가 절실하다. 디지털 매체의 발달과 확산은 아이들의 성장과정에서 지금 예견하는 것을 뛰어넘는 '그 무엇'을 이끌 수 있도록 지원한다. 따라서 우리는 '디지털 매체가 적절한 교육수단인가?'를 넘어서 '디지털 매체를 어떻게 적절하게 아이의 성장과정을 위해 활용할 것인가?'와 같은 방법론적 고민을 해야 할 때이다. 따라서 이 책과 같은 교육전문가의 프로그램 개발은 4차 산업혁명과 같은 융합 시대의 요구를 반영하고 발빠르게 대처할 수 있는 능력을 배양하도록 도와줄 산물이라고 볼 수 있다.

한국인터넷진흥원 팀장 **박용규**

이 교재는 어린이들이 터틀 로봇이라는 간단한 로봇을 통해 소프트웨어 프로그래밍의 기초적인 개념을 익히는 데 적합하다고 생각한다. 재미와 코딩 교육의 두 마리 토끼를 잡을 수 있는 기회이다.

서울대학교 컴퓨터공학부 교수 **권태경**

무언가 새롭게 배운다는 것은 도전이며 모험이다. 디지털 매체와 기술의 발전으로 빠르게 변화하는 이때, 새로운 교육적 이슈에 대한 주제를 즐겁게 배우고 익힐 수 있도록 도와주는 책이 있다는 것은 반가운 소식이다. 이 책을 통해 아이들과 함께 컴퓨팅 사고가 무엇이며 우리 삶에 왜 필요한지 알 수 있을 것이다.

미국 랜더대학교 컴퓨터학과 교수 *Gilliean Lee*

컴퓨팅 사고의 기초를 쉽고 재미있게 배울 수 있도록 도와주는 책이다. 어렵게 생각되었던 컴퓨팅 사고력을 터틀 로봇과 놀면서 증진할 수 있는 기회를 모두에게 선물하고 싶다.

서강대학교 컴퓨터공학과 교수 김승욱

안전 교육

터틀 로봇 놀이를 안전하게 해요!

★ 터틀 로봇은 프로그래밍이 되어있는 기계 친구예요.
던지거나 떨어뜨리면 고장 날 수 있어요.

★ 활동지를 가위로 오릴 때 다치지 않게 조심해요.
어린이용 안전가위를 사용하세요.

★ 종이에 베이거나 긁히지 않도록 조심해요.

★ 투명 테이프를 뜯을 때 칼날 부분에 손이 베이지 않게 조심해요.

★ 풀은 종이를 붙이는 용도 외에 사용하지 않아요. 절대로 먹으면 안 돼요.

★ 기본 매트(카드 코딩편)의 경우에는 모서리에 베이거나 긁히지 않도록 조심해요.

이 책의 목차

PART 01 라인 코딩

활동 01	직선 따라 이동하기	20
	같이 해보아요!	20
	도전!!!	22

활동 02	곡선 따라 이동하기	23
	같이 해보아요!	23
	도전!!!	25

활동 03	교차로에서 이동하기	26
	같이 해보아요!	27
	도전!!!	28

활동 04	앞으로 가기	33
	같이 해보아요!	33
	도전!!!	36

활동 05	오른쪽으로 가기	38
	같이 해보아요!	38
	도전!!!	41

활동 06	왼쪽으로 가기	43
	같이 해보아요!	43
	도전!!!	46

활동 07	돌아가기(직진으로 돌아가기)	48
	같이 해보아요!	48
	도전!!!	52

활동 08	돌아가기(오른쪽 방향으로 돌아가기)	55
	같이 해보아요!	55
	도전!!!	60

활동 09	돌아가기(왼쪽 방향으로 돌아가기)	64
	같이 해보아요!	64
	도전!!!	69

PART 01 정답 페이지   73

미션 도전 01	집으로 가는 길	78
미션 도전 02	동물원에는 어떤 동물이?	80
미션 도전 03	신나는 놀이 공원	82
미션 도전 04	마트에서 미션 수행	84
미션 도전 05	두더지 집은 어디?	86
PART 02	정답 페이지	88
◆SPECIAL PAGE◆	도형 그리기 모드	91

부록 활동지

터틀 로봇이란 무엇일까요?!

터틀 로봇은 이렇게 생겼습니다!

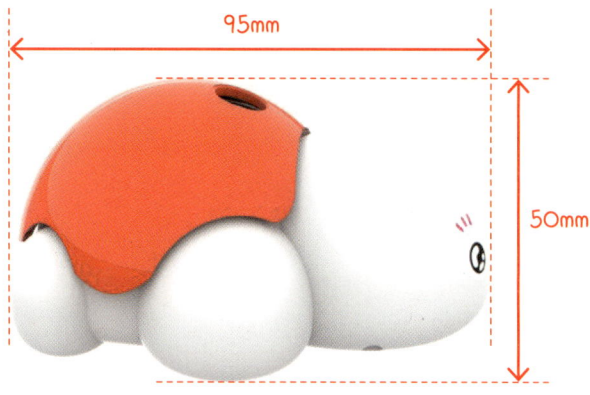

전체 무게 100g

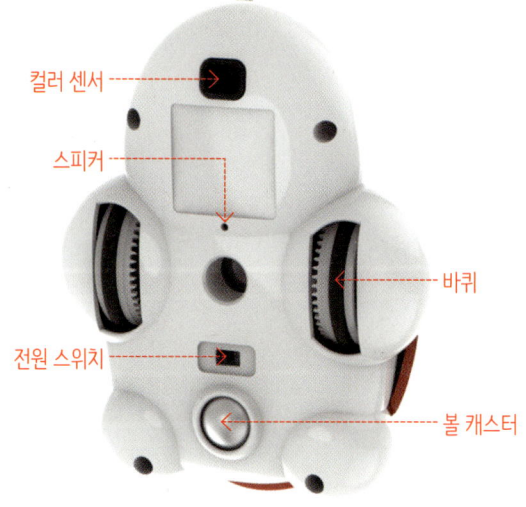

볼 캐스터
터틀 로봇이 왼쪽, 오른쪽으로 움직일 수 있도록 도와줍니다.

컬러 센서
터틀 로봇 머리 아래쪽의 센서를 통해 '빨강, 파랑, 노랑, 초록, 보라' 등의 색상을 감지할 수 있고 이를 활용한 활동을 할 수 있습니다.

전원 스위치
스위치를 오른쪽으로 밀면 켜지고, 왼쪽으로 밀면 꺼집니다.

바퀴
두 개의 바퀴를 이용하여 앞뒤로 움직일 수 있습니다.

스피커
스피커가 있어 박자에 따른 소리, 음표 소리를 낼 수 있습니다.

풀 컬러 LED
터틀 로봇 머리에는 여러 가지 색깔의 빛을 낼 수 있는 LED가 있어 색깔만으로 각 모드로의 진입을 확인할 수 있습니다.

등 버튼
터틀 로봇의 등을 '딸깍' 소리가 나게 눌러서 각 모드로 진입하거나 작동을 시작합니다.

충전 표시등
배터리가 거의 남아 있지 않은 경우 충전 표시등이 빨간색으로 깜빡입니다. 충전 중일 경우에는 빨간색으로 켜지고, 충전이 완료되면 표시등이 꺼집니다(충전 90분, 연속 동작 90분, 대기 최대시간 12시간).

Micro USB 충전 단자
Micro USB 케이블을 이용하여 컴퓨터로 충전하거나 스마트폰용 충전기를 사용하여 충전할 수도 있습니다.

> **터틀로봇 tip**
> '터틀 로봇'과 전용 액세서리(색깔 사인펜, 24종 카드 등)는 로보메이션 몰에서 구입할 수 있습니다(http://robomation-shop.co.kr/).

블루투스 연결 표시등
블루투스가 연결되면 파란색으로 깜빡입니다. 천천히 깜빡이면 아직 연결이 안 된 것이고, 빠르게 깜빡이면 연결된 것입니다.

동글
터틀 로봇과 컴퓨터를 연결해주는 블루투스 장치입니다. 엔트리로 터틀 로봇을 움직이려면 동글을 컴퓨터에 연결해야 합니다.

터틀 로봇이란 무엇일까요?!

컬러 센서 보정이란?

터틀 로봇은 머리 아래쪽에 있는 컬러 센서를 통해 색깔을 인식하는데 주위 환경에 따라 약간의 오차가 발생하여 오류가 생길 수 있습니다. 이럴 경우에는 컬러 센서를 보정함으로써 문제를 해결할 수 있습니다. 터틀 로봇을 사용할 때마다 컬러 센서를 보정할 필요는 없고 색깔 인식 시 오류가 발생하는 경우에만 보정합니다.

1

터틀 로봇의 전원 스위치를 오른쪽으로 하여 ON 위치에 가도록 합니다.

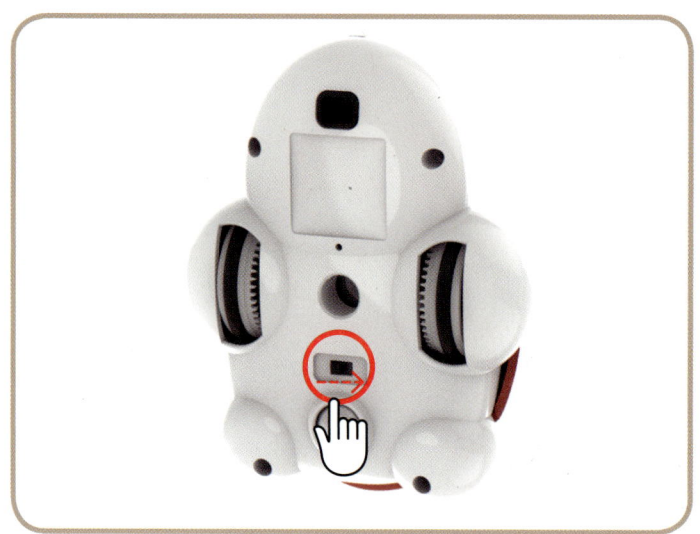

2

머리 LED가 무지개 색으로 변하면서 삑! 소리가 납니다.

터틀 로봇의 모든 모드는 전원이 꺼진 상태에서 시작합니다

컬러 센서 보정 모드를 종료하고 다른 모드(카드 코딩, 라인 코딩 등)로 들어가기 위해서는 전원을 끈 후 다시 전원 스위치와 등 버튼을 조작하여 다른 모드로 들어가면 됩니다.

3

터틀 로봇을 하얀색 종이 위에 올려놓습니다.

4

터틀 로봇의 등을 두 번 눌러줍니다. 머리 LED가 빠르게 깜빡이다가 삑 소리가 나면 컬러 센서 보정이 완료됩니다.

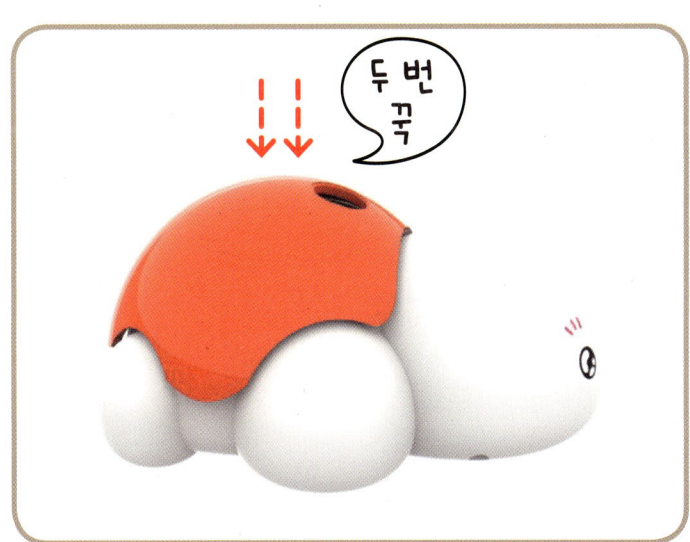

PART

01

라인 코딩

활동 01 : 직선 따라 이동하기
활동 02 : 곡선 따라 이동하기
활동 03 : 교차로에서 이동하기
활동 04 : 앞으로 가기
활동 05 : 오른쪽으로 가기
활동 06 : 왼쪽으로 가기
활동 07 : 돌아가기(직진으로 돌아가기)
활동 08 : 돌아가기(오른쪽 방향으로 돌아가기)
활동 09 : 돌아가기(왼쪽 방향으로 돌아가기)

라인 코딩

라인 코딩 모드로 들어가는 방법

터틀 로봇은 카드를 읽고 앞, 뒤, 오른쪽, 왼쪽으로 움직일 수도 있지만, 검은색 길을 따라 움직일 수도 있어요. 터틀 로봇이 길을 따라 움직이게 하려면 라인(line) 코딩 모드로 들어가야 해요. 그럼 라인 코딩 모드로 들어가는 방법을 알아보아요.

▲ 터틀 로봇의 전원 스위치를 오른쪽으로 하여 ON 위치로 합니다.

▼ 등 버튼을 짧게 한 번 누르면 삐리리~삐리리~삐리리~소리가 나면서 머리 LED가 주황색으로 켜집니다.

컬러 센서

◀ 터틀 로봇 아래의 컬러 센서가 선을 인식하여 길을 따라 움직일 수 있게 해줍니다.

이제 터틀 로봇이 라인 코딩 모드로 준비되었어요. 그럼 선을 따라 움직여 볼까요?

● **터틀 로봇은 검은색 선으로 그린 길을 따라 앞으로 이동할 수 있어요.**
● **터틀 로봇이 가는 길을 검은색 펜을 사용하여 직접 그려줄 수 있어요.**

터틀 로봇은 검은색 선의 오른쪽 테두리를 따라 움직이기 때문에 검은색 선의 약간 오른쪽에 놓아주세요.

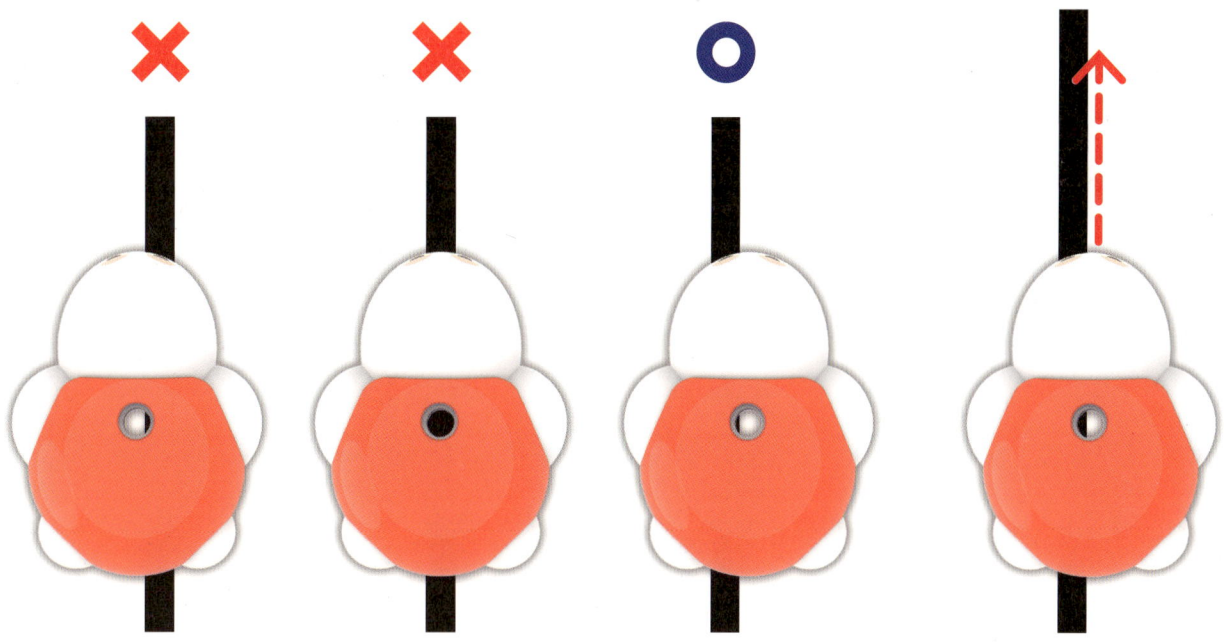

활동 01 직선 따라 이동하기

터틀 로봇은 직선을 따라 움직일 수 있어요.
준비물 : 터틀 로봇, 부록의 '활동 01 활동지(직선)'

● 이 활동을 통해 터틀 로봇이 직선을 따라 이동하는 기능을 익힐 수 있어요.

같이 해보아요!

1 라인 코딩 모드에서 터틀 로봇을 활동지의 검은색 직선 위에 올려놓아요. 등 버튼을 한 번 누르면 삑! 소리가 나면서 터틀 로봇이 선을 따라 움직여요.

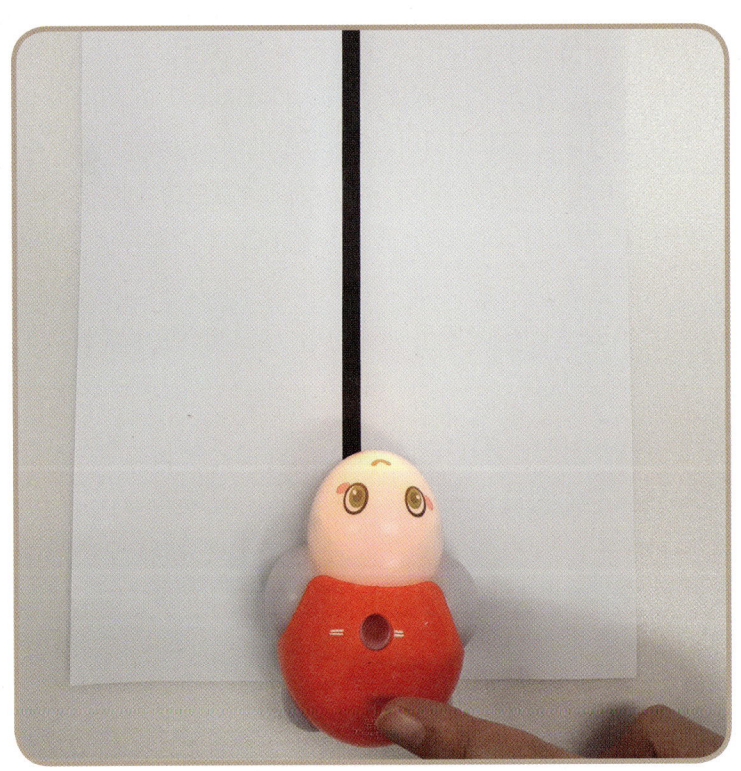

터틀로봇 tip

터틀 로봇이 선을 인식할 준비가 되면 머리 LED가 주황색으로 켜져요.

2 움직이는 터틀 로봇의 등 버튼을 한 번 누르면 삑 소리가 나면서 정지해요. 터틀 로봇을 다시 움직이려면 등 버튼을 한 번 누르세요.

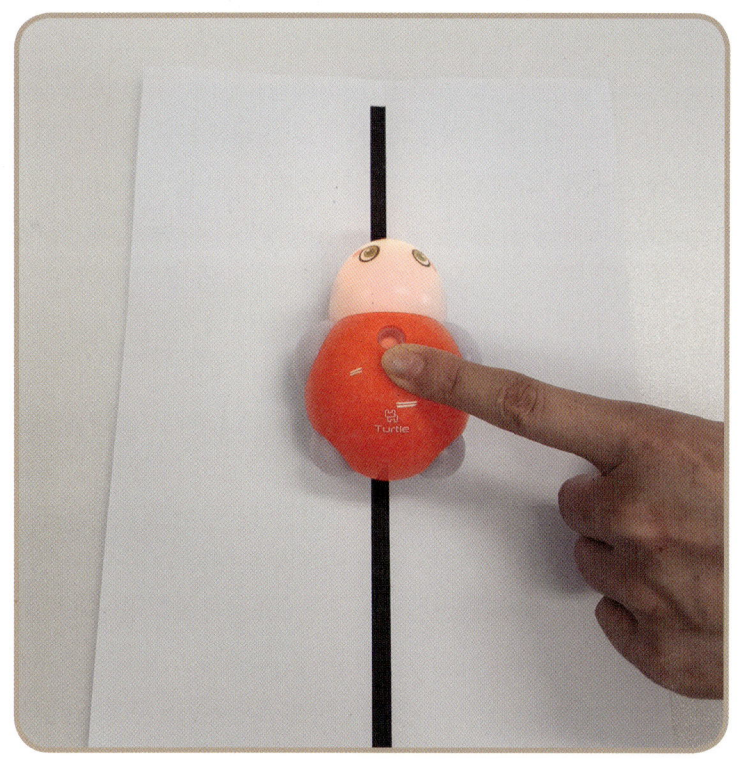

터틀로봇 tip

내가 직접 터틀 로봇이 움직이는 길을 만들 수도 있어요!

검은색 선의 두께는 6mm 이상으로 해야 합니다. 선이 가늘면 터틀 로봇이 길을 찾지 못할 수 있어요.

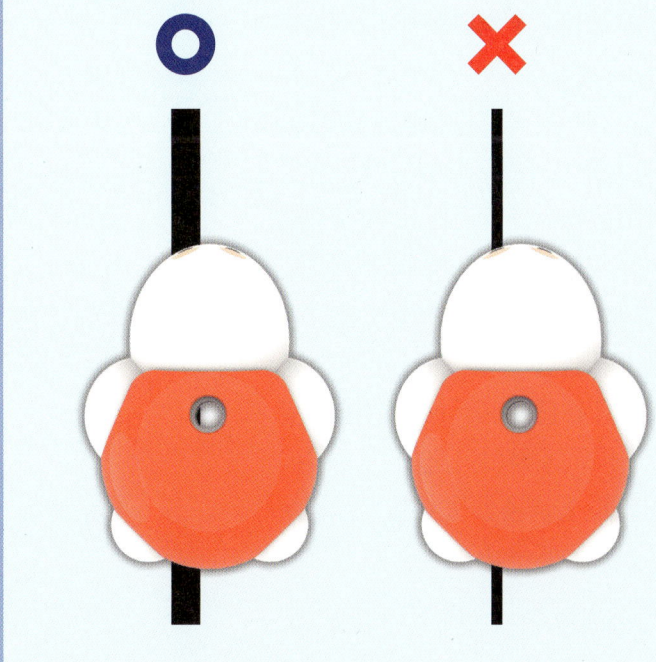

PART 01 :: 라인 코딩 • **021**

검은색 선따라 이동하기

부록의 '활동 02 활동지(직선 및 점선)' 위에 터틀 로봇을 올려놓고 움직여 보세요.

1. 터틀 로봇을 검은색 선 위에 올려놓고 움직여 보세요.
2. 터틀 로봇이 가는 길을 직접 만들 수 있어요. 아래의 점선 네모만큼 두껍게 검은색 선을 그려 주세요.

 선이 가늘면 터틀 로봇이 길을 찾지 못할 수 있어요(6mm 이상)

활동 02 곡선 따라 이동하기

터틀 로봇은 직선이 아닌 구불구불한 곡선의 길도 따라 움직일 수 있어요.
준비물 : 터틀 로봇, 부록의 '활동 03 활동지(곡선)'

● 이 활동을 통해 터틀 로봇이 곡선에 따라 이동하는 기능을 익힐 수 있어요.

같이 해보아요!

1. 터틀 로봇을 검은색 곡선 위에 올려놓아요. 등 버튼을 한 번 누르면 삑! 소리가 나면서 터틀 로봇이 선을 따라 움직여요.

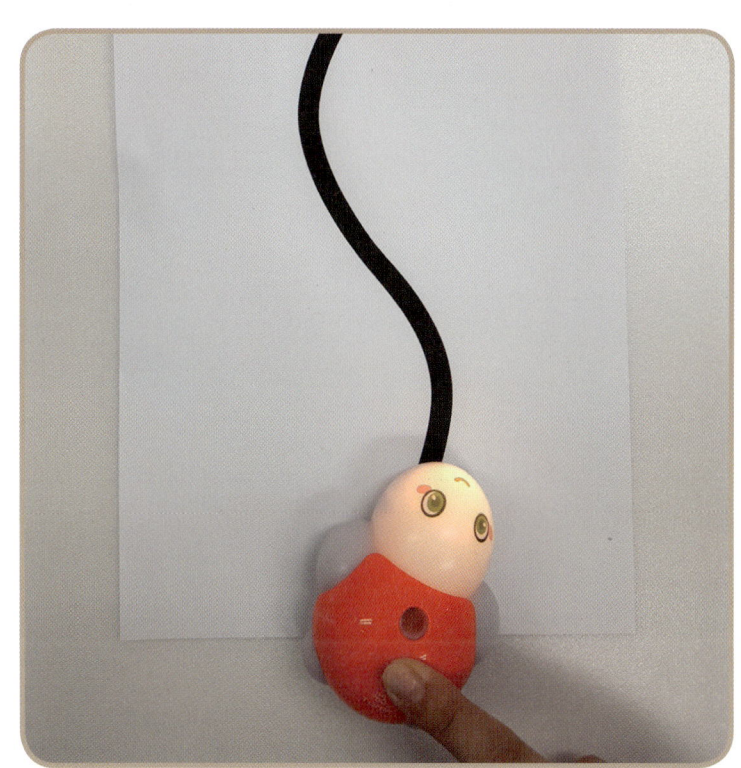

터틀로봇 tip

곡선이란 무엇일까요?
곡선이란 두 점을 이은 선 중 모나지 않고 부드럽게 구부러진 선을 말해요.

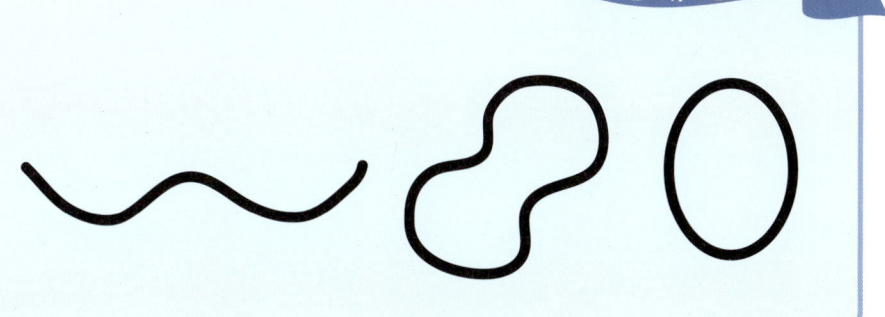

2 움직이는 터틀 로봇의 등 버튼을 한 번 누르면 삑 소리가 나면서 정지해요.

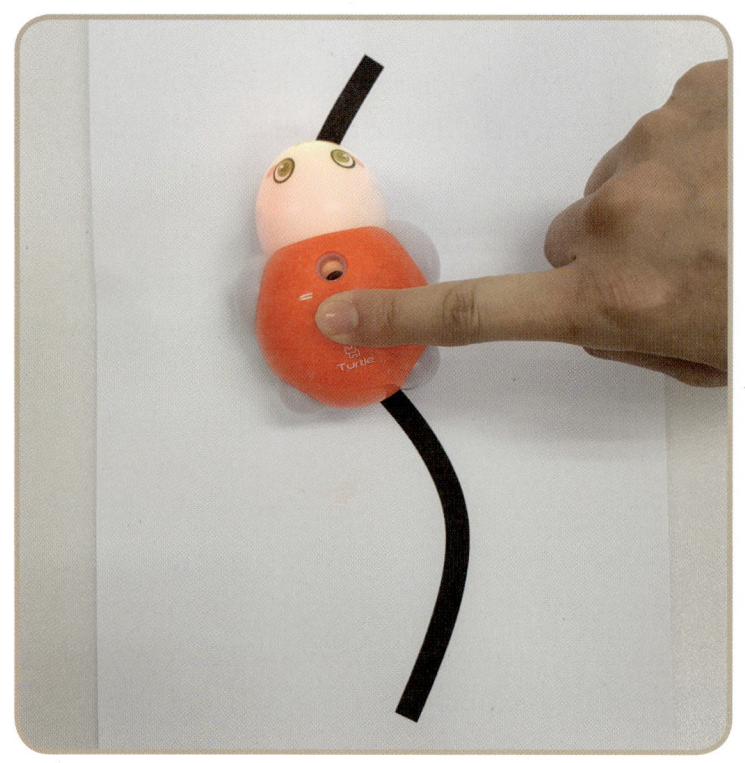

타원따라 이동하기

부록의 '활동 04 활동지(타원)' 위에 터틀 로봇을 올려놓고 움직여 보세요.

1. 라인 코딩 모드에서 터틀 로봇을 검은색 선 위에 올려놓고 움직여 보세요.
2. 다른 모양의 곡선들을 그려보고 터틀 로봇을 움직여 보세요.

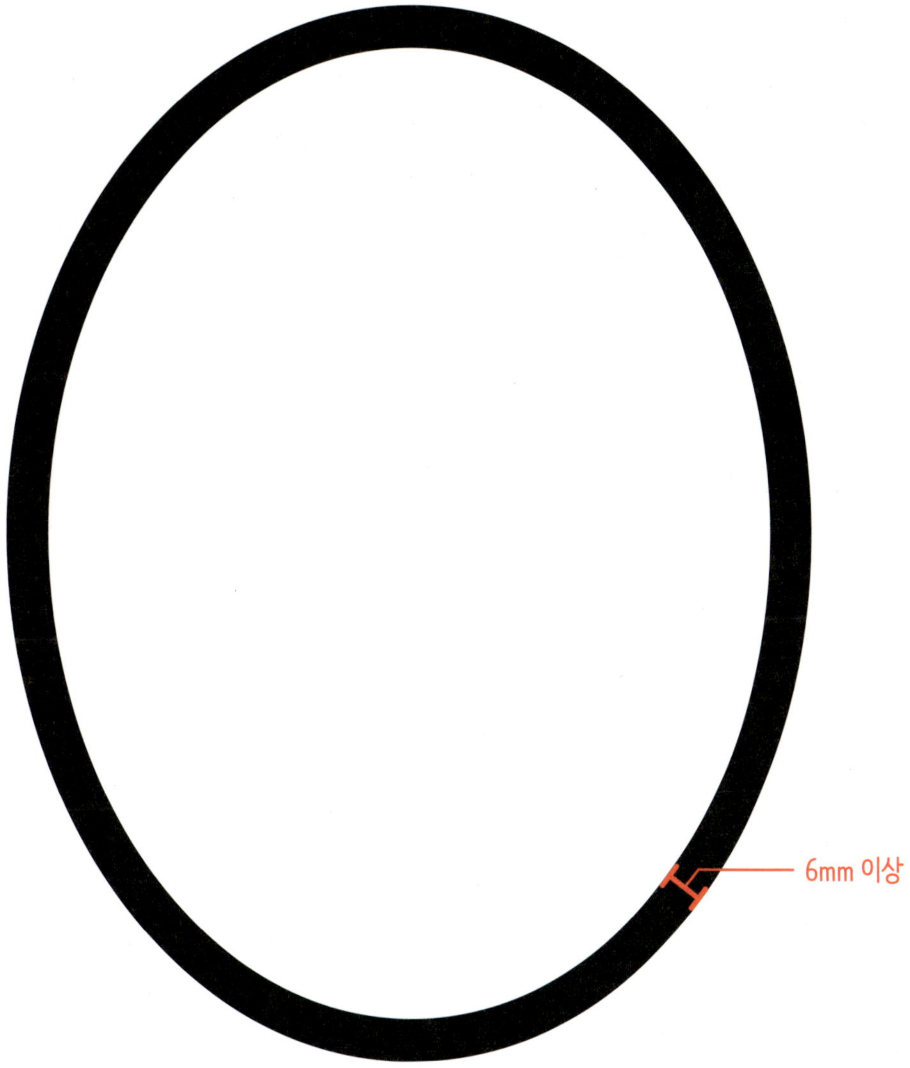

6mm 이상

활동 03   교차로에서 이동하기

선과 선이 만나는 곳을 '교차로'라고 해요. 교차로 위에서 터틀 로봇을 움직여 보아요.
준비물 : 터틀 로봇, 부록의 '활동 05 Ⓐ, Ⓑ 활동지(교차로)'

● **이 활동을 통해 터틀 로봇이 교차로에서 이동할 수 있다는 것을 알 수 있어요.**

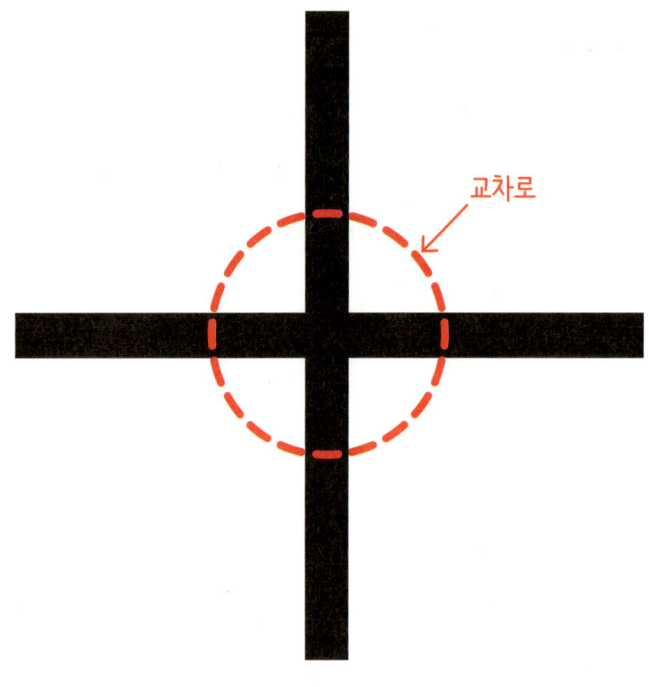

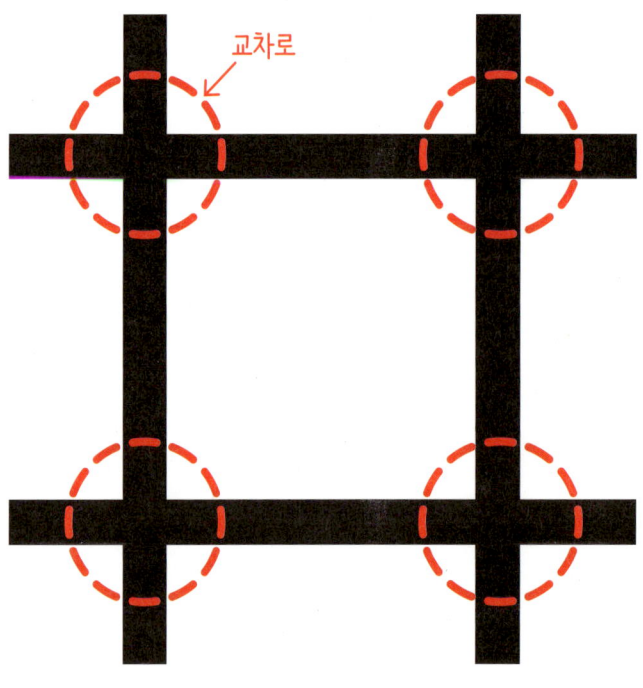

같이 해보아요!

1 터틀 로봇을 검은색 교차로 위에 올려놓아요. 등 버튼을 한 번 누르면 삑! 소리가 나면서 터틀 로봇이 선을 따라 움직여요.

2 움직이는 터틀 로봇의 등 버튼을 한 번 누르면 삑! 소리가 나면서 정지해요.

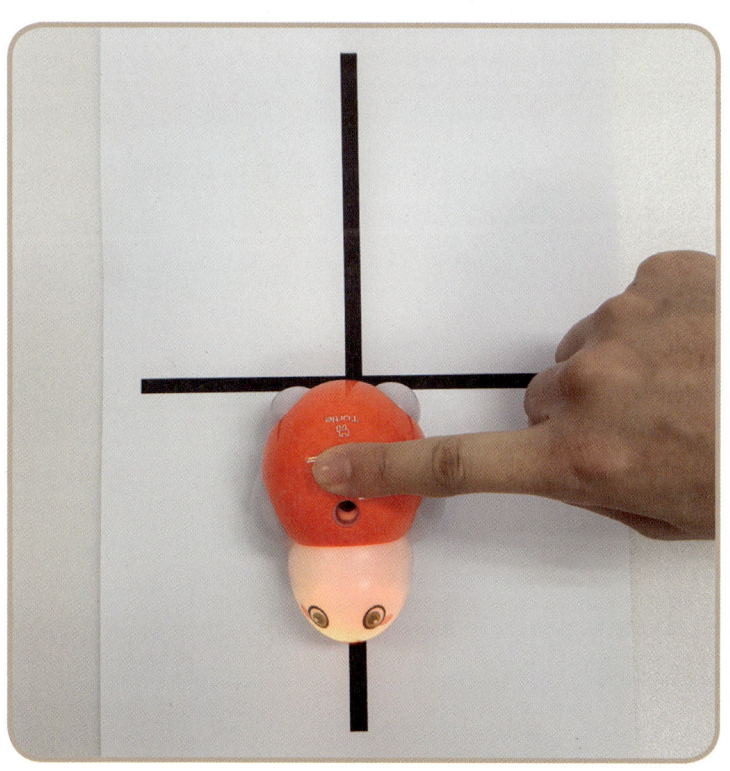

교차로 선따라 이동하기

부록의 '활동 05 Ⓐ, Ⓑ 활동지(교차로)' 위에 터틀 로봇을 올려놓고 움직여 보세요.
터틀 로봇을 출발 위에 올려놓아요.

터틀 로봇은 검은색 선의 테두리를 따라 앞으로 이동하다가, 선의 끝에서 여러 번 빙글빙글 돈 후 되돌아갑니다.
내가 원하는 곳으로 터틀 로봇을 이동하게 하려면 어떻게 해야 할까요?

- 선 끝에서 색깔 명령을 이용해 터틀 로봇을 정지시키거나, 돌아가게 할 수 있어요.
- 교차로를 만나면 색깔 명령을 이용해서 방향을 선택할 수 있어요.
- 색깔 명령은 초록색, 노란색, 파란색, 자주색, 빨간색 펜이나 스티커를 사용할 수 있어요.

> - 색칠하는 크기는 1×1cm 이상으로 해야 합니다.
> - 펜으로 색칠하는 경우에는 사각 팁을 가진 색깔 마커를 사용하는 것이 편리합니다.
> - 로보메이션 공식몰(http://robomation-shop.co.kr)에서 판매 중인 터틀 로봇 라인 코딩용 색상 마커를 이용하면 좋습니다.
> - 크레용은 터틀 로봇의 바퀴에 이물질이 끼거나 미끄러지므로 사용하지 마세요.
> - 동그라미, 네모 모양의 색깔 스티커를 사용하면 더 편리해요! 스티커를 떼거나 덧붙여 명령 색깔을 바꿀 수 있기 때문이예요!
>
> * 색깔 스티커는 로보메이션 공식몰에서 추후 판매 예정

터틀 로봇이 지나가는 검은색 선 오른쪽에 색깔을 칠하세요.

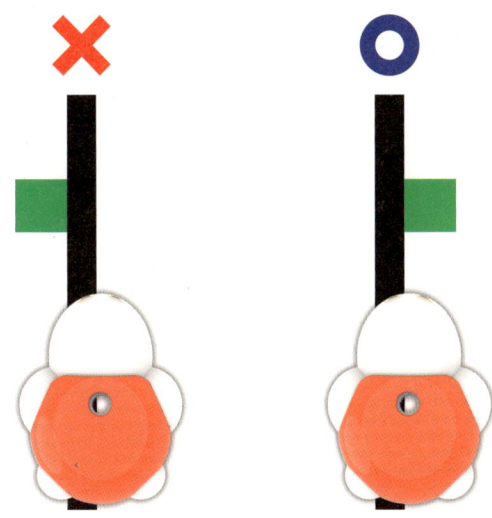

색칠을 할 때 검은색 선 안쪽으로 약간 들어가게 하는 것은 좋아요!

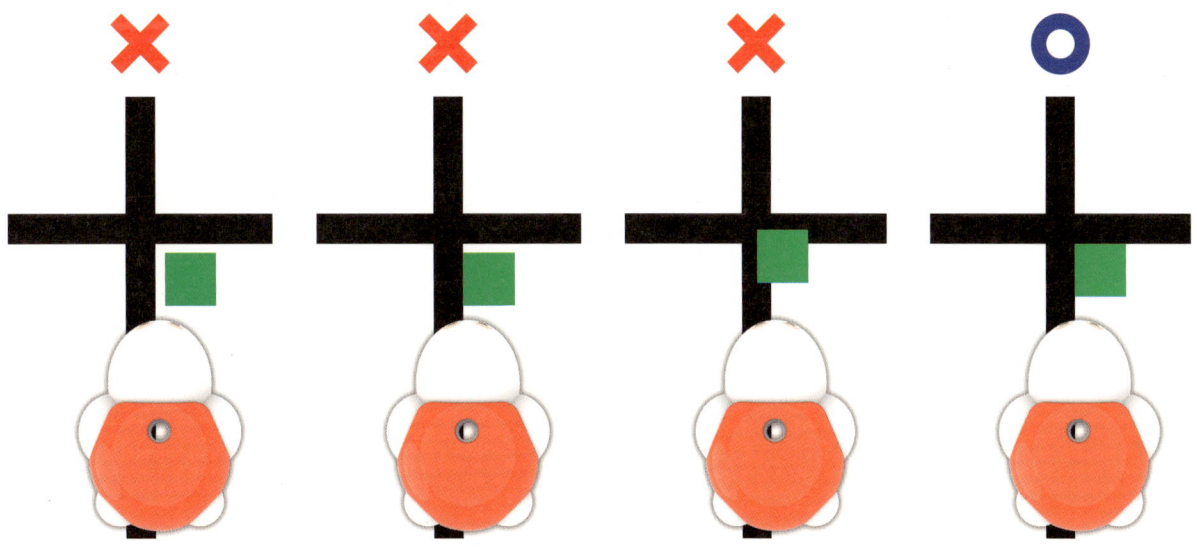

● 색깔마다 가지고 있는 명령의 의미를 알아보아요.

1. 초록색 ■ : 터틀 로봇이 초록색을 만나면 교차로에서 앞으로 갑니다.

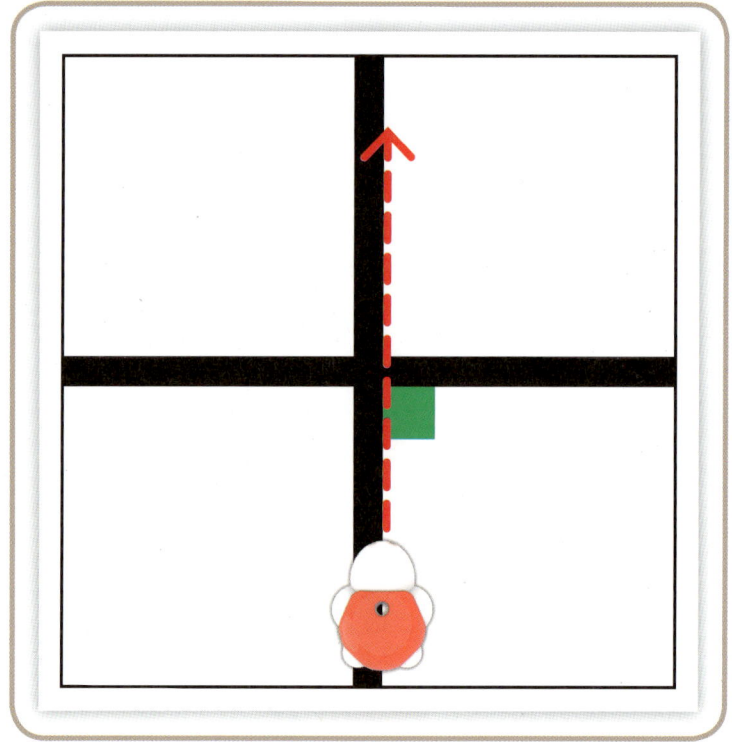

2. 파란색 ■ : 터틀 로봇이 파란색을 만나면 교차로에서 오른쪽으로 갑니다.

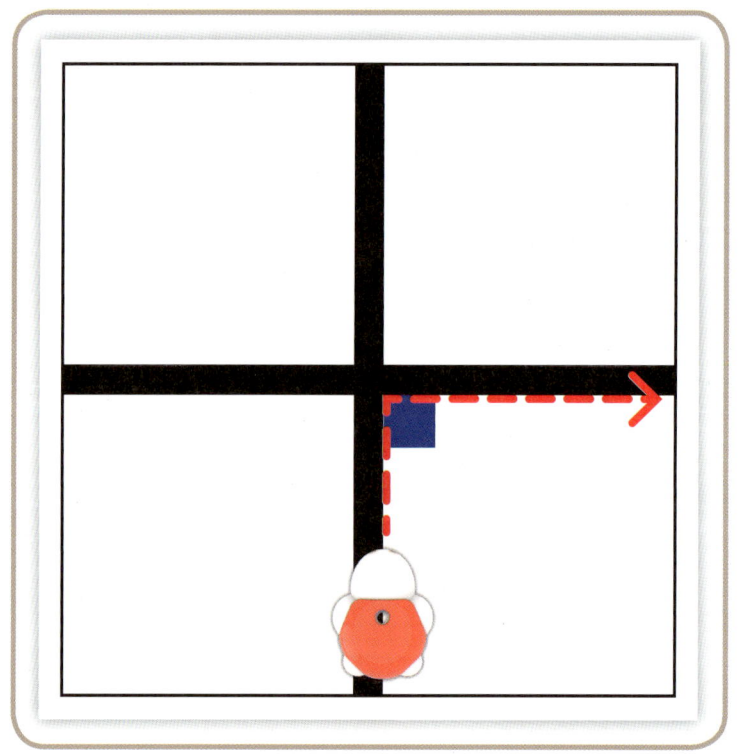

③ 노란색 ▢ : 터틀 로봇이 노란색을 만나면 교차로에서 왼쪽으로 갑니다.

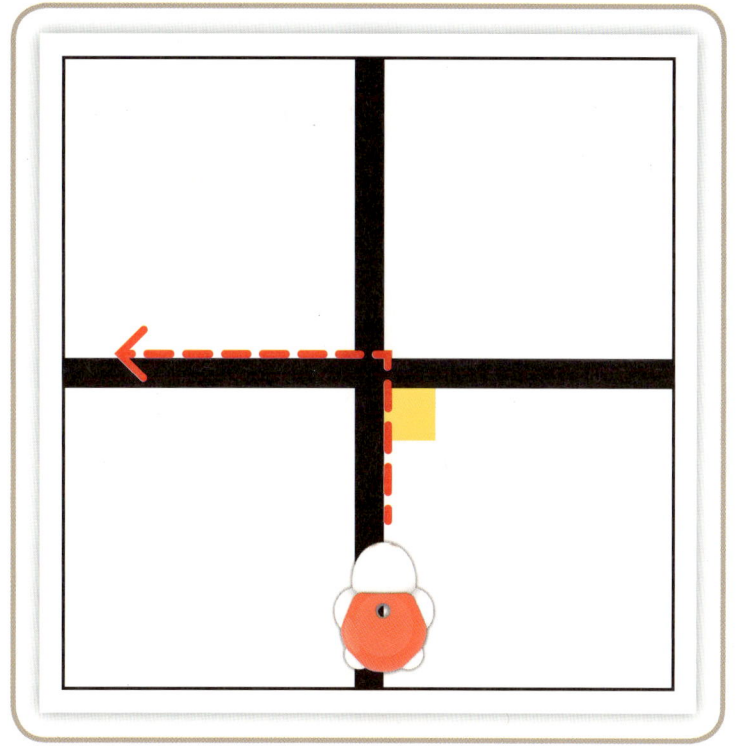

④ 자주색 ▢ : 터틀 로봇이 자주색을 만나면 교차로에서 되돌아갑니다.

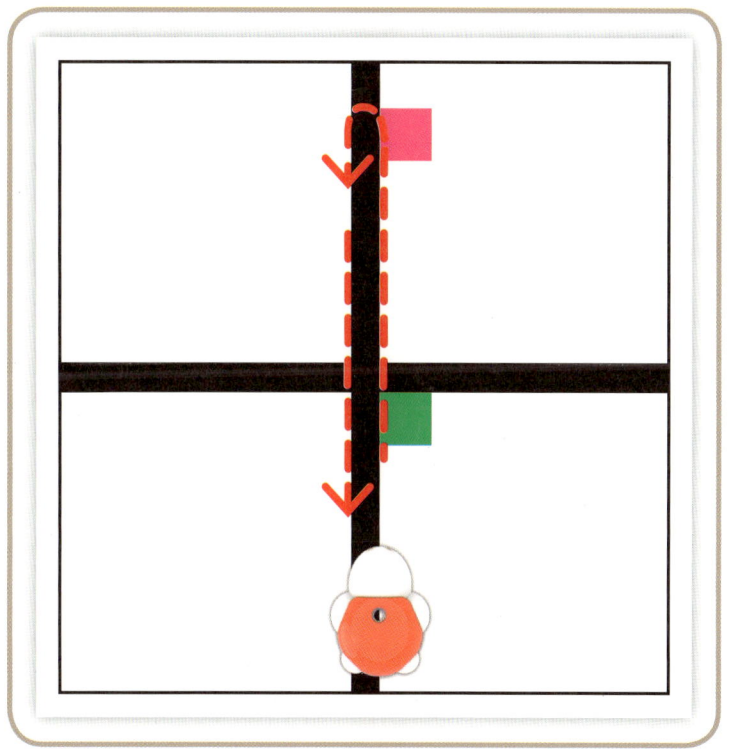

5 빨간색 ■ : 터틀 로봇이 검은색 선 위에 있는 빨간색을 만나면 정지합니다.

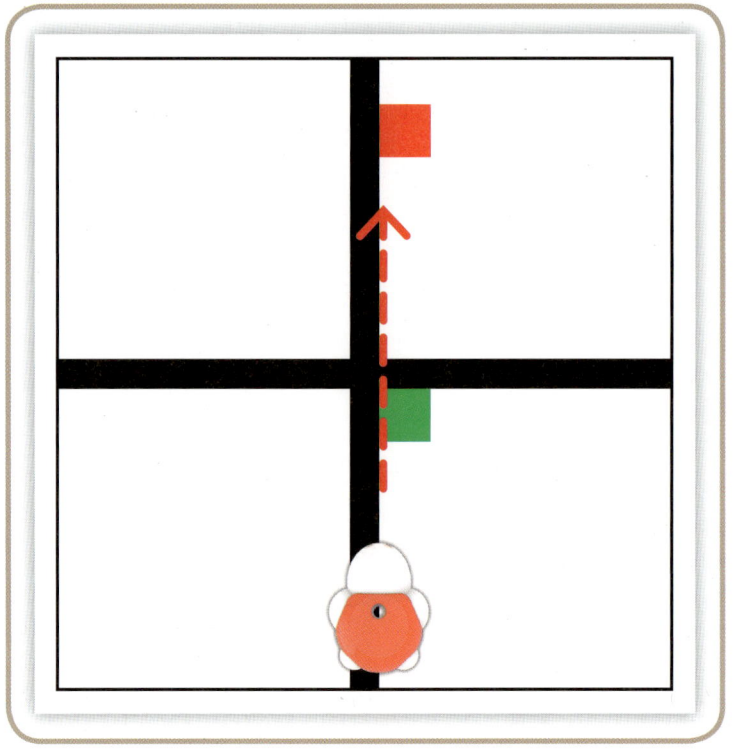

활동 04 앞으로 가기

준비물 : 터틀 로봇, 부록의 '활동 06 Ⓐ, Ⓑ 활동지(앞으로 가기)', 색깔 사인펜

● 이 활동을 통해 터틀 로봇이 교차로를 지나 앞으로 이동할 수 있는 방법을 익힐 수 있어요.

같이 해보아요!

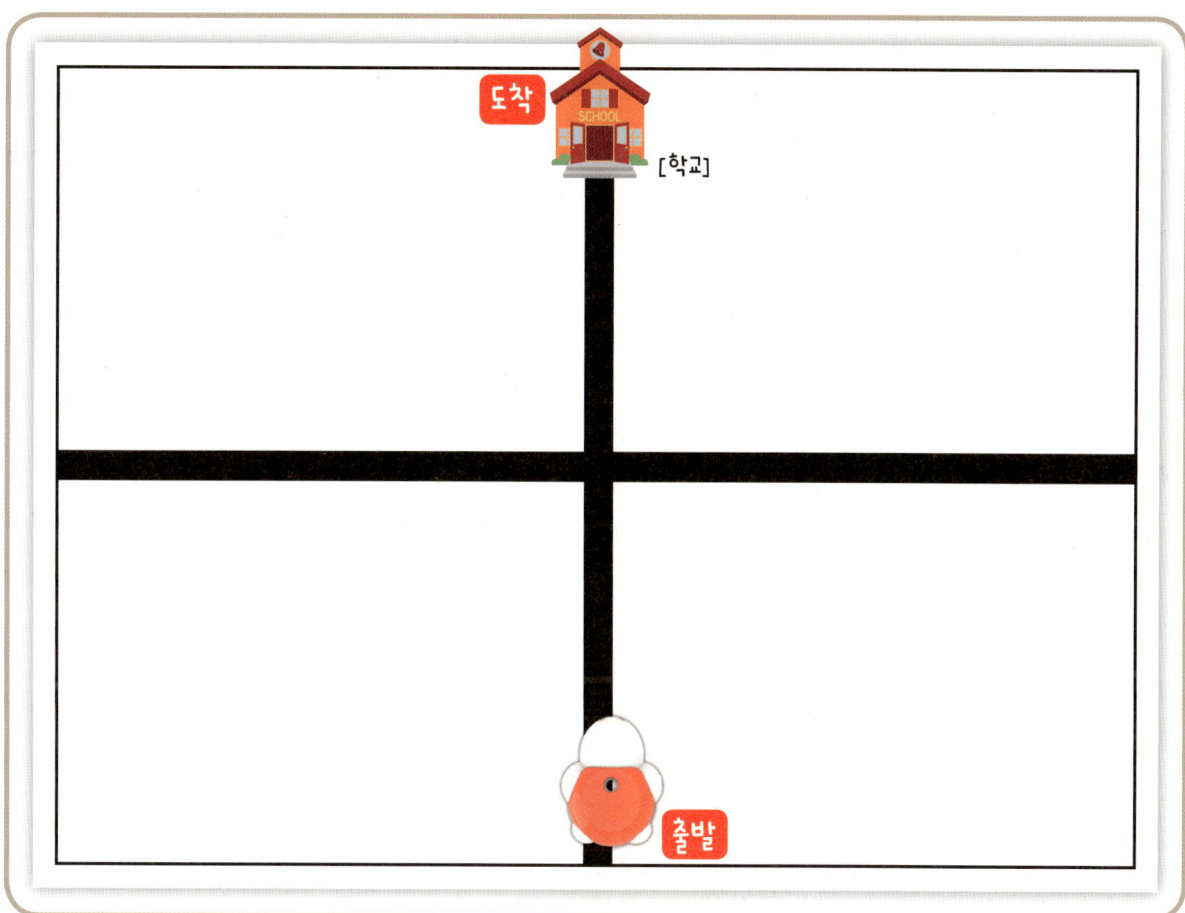

PART 01 :: 라인 코딩 · **033**

1 터틀 로봇을 활동지 교차로 위에 올려놓아요. 터틀 로봇이 학교로 가려면 교차로에서 앞으로 가야 해요.

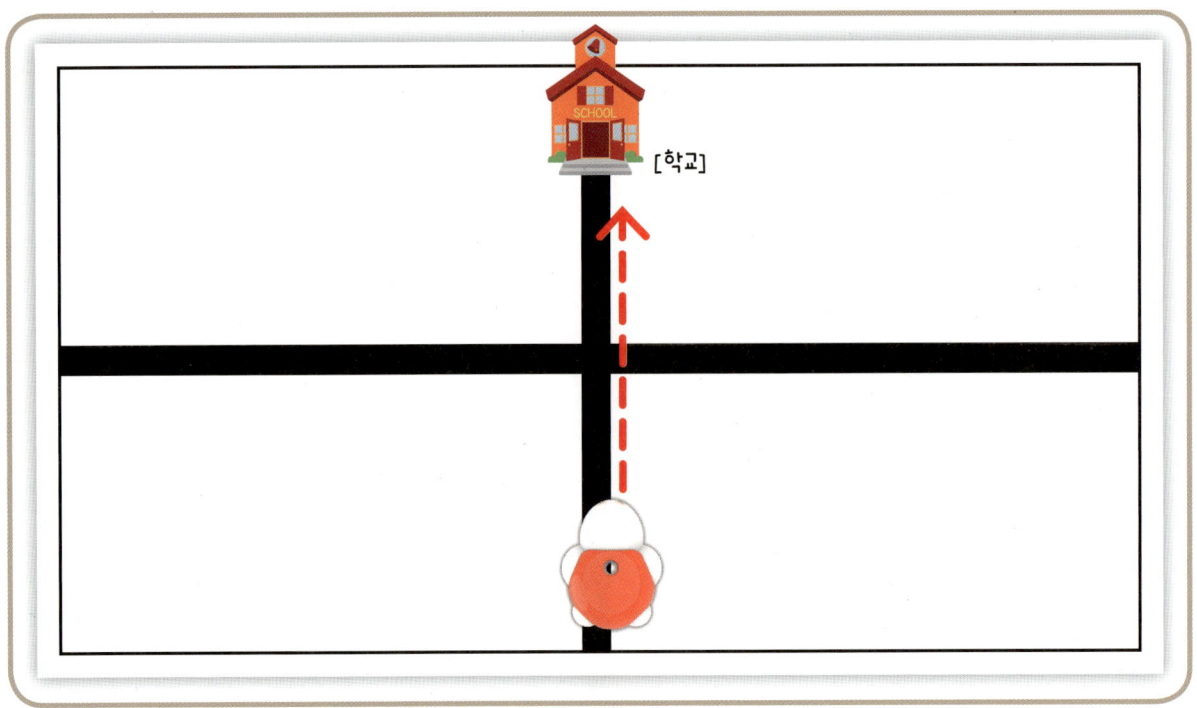

2 교차로에 '앞으로' 명령 색깔인 초록색 ■ 을 칠하세요.

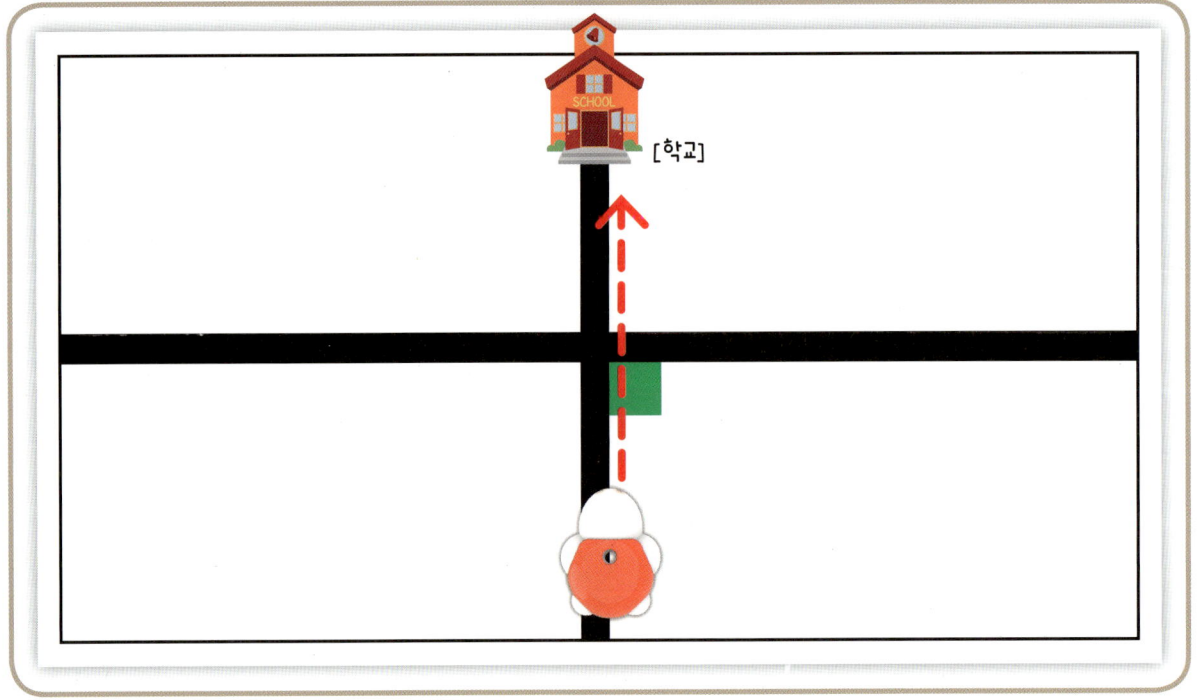

3 터틀 로봇이 학교에 도착한 후 더 이상 움직이지 않고 멈추게 하려면 '정지' 명령 색깔인 빨간색 을 칠하세요.

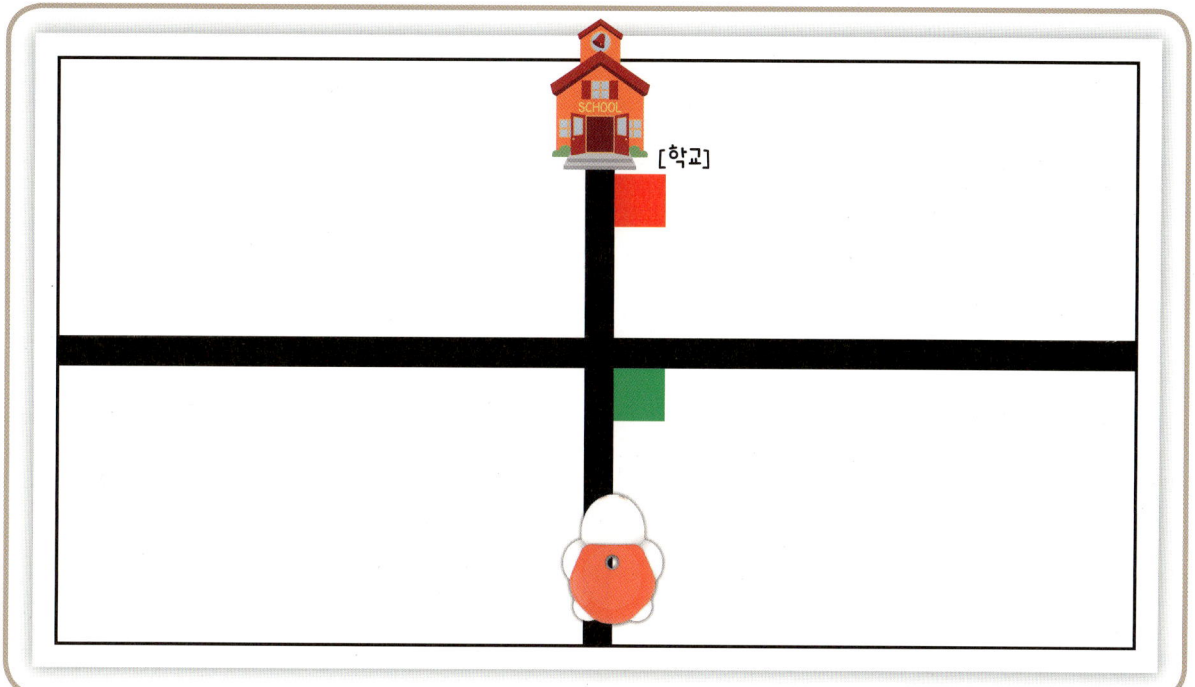

> 검은색 선 위에 색깔 명령을 표시한 후 라인 코딩 모드로 터틀 로봇을 작동시켜 보세요.

도전!!!

색깔을 활용하여 선 따라 이동하기

부록의 '활동 07 Ⓐ, Ⓑ 활동지(앞으로 가기_도전)'에 색깔 사인펜을 사용해서 직접 터틀 로봇에게 명령을 내려보세요.

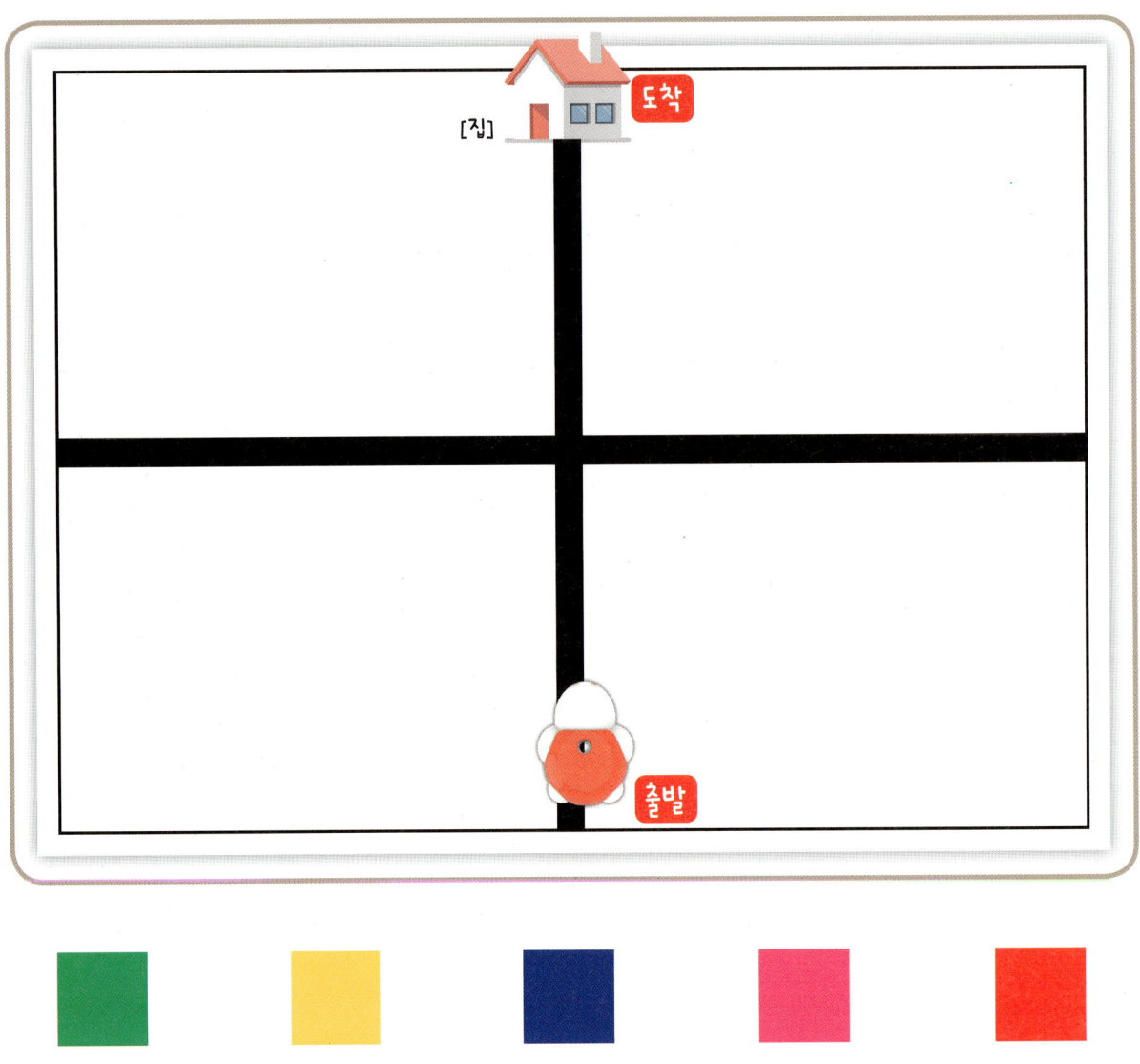

앞으로   교차로에서 왼쪽   교차로에서 오른쪽   돌아가기   정지

1 터틀 로봇이 집으로 가요.
① 교차로에서 어떤 색깔을 사용하면 좋을까요?
② 빈 칸을 초록색 펜으로 색칠하세요.

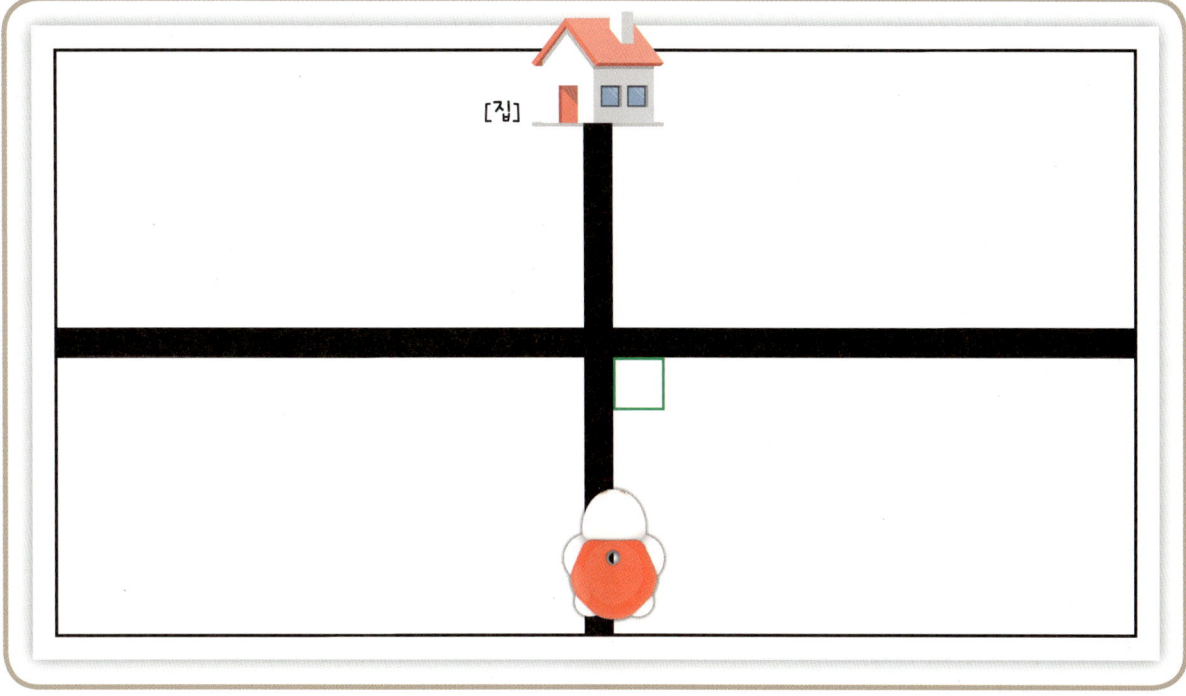

2 터틀 로봇이 집에 도착한 뒤에도 계속 검은색 선을 따라 움직여요. 집에 도착한 후에는 멈추게 하고 싶어요.
③ 어떤 색깔을 사용하면 좋을까요? 빈 칸을 빨간색 펜으로 색칠하세요.

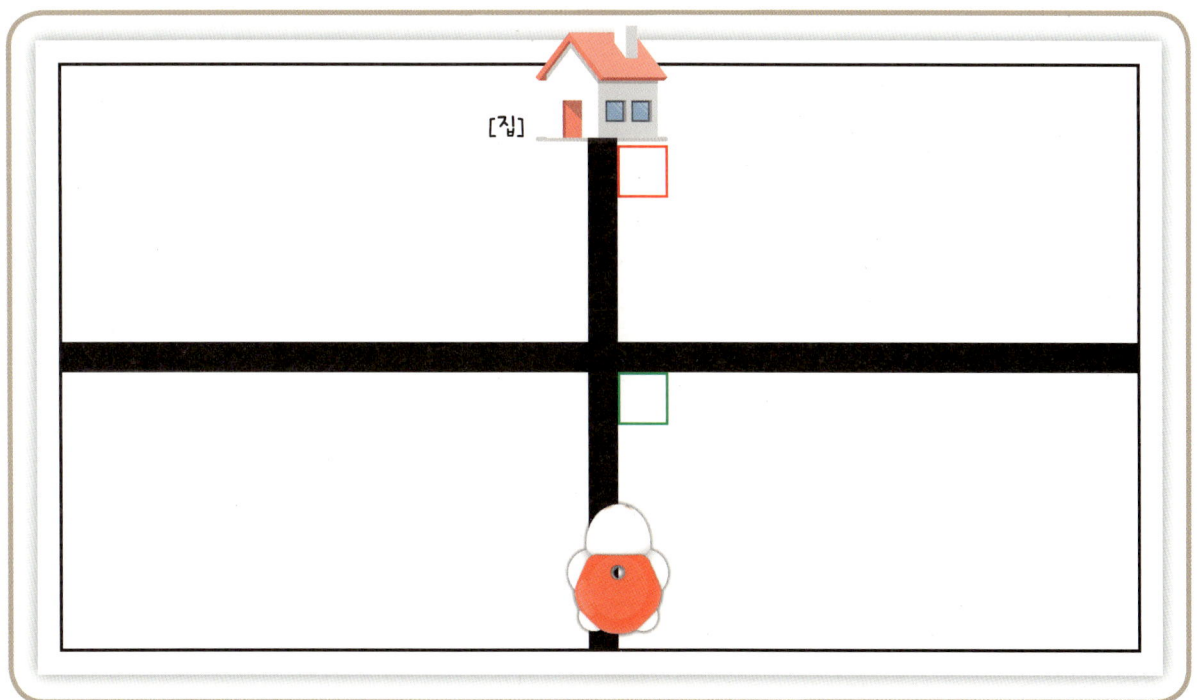

PART 01 :: 라인 코딩 · 037

활동 05 · 오른쪽으로 가기

준비물 : 터틀 로봇, 부록의 '활동 08 Ⓐ, Ⓑ 활동지(오른쪽으로 가기)', 색깔 사인펜

● 이 활동을 통해 터틀 로봇이 교차로에서 오른쪽으로 이동할 수 있는 방법을 익힐 수 있어요.

같이 해보아요!

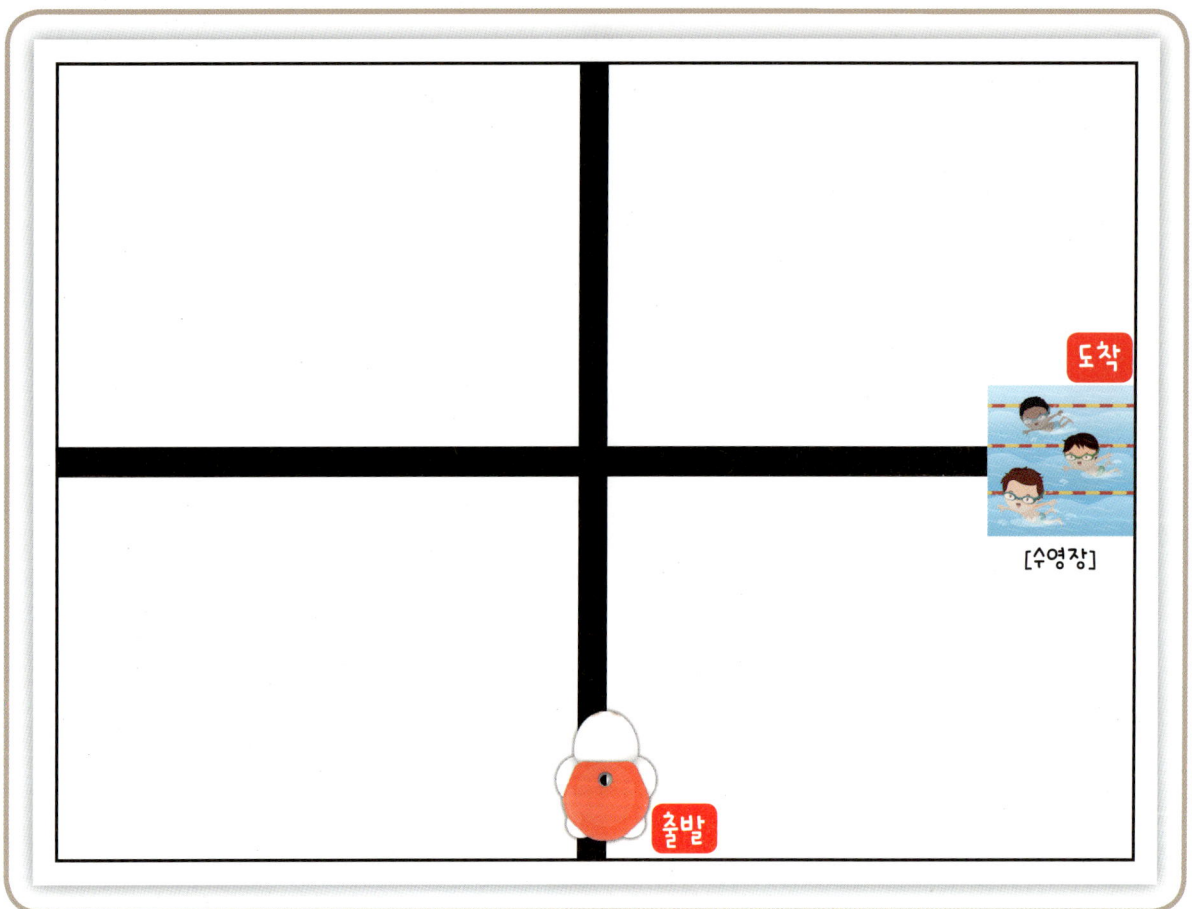

1 터틀 로봇을 활동지 교차로 위에 올려놓아요. 터틀 로봇이 수영장으로 가려면 교차로에서 오른쪽으로 가야 해요.

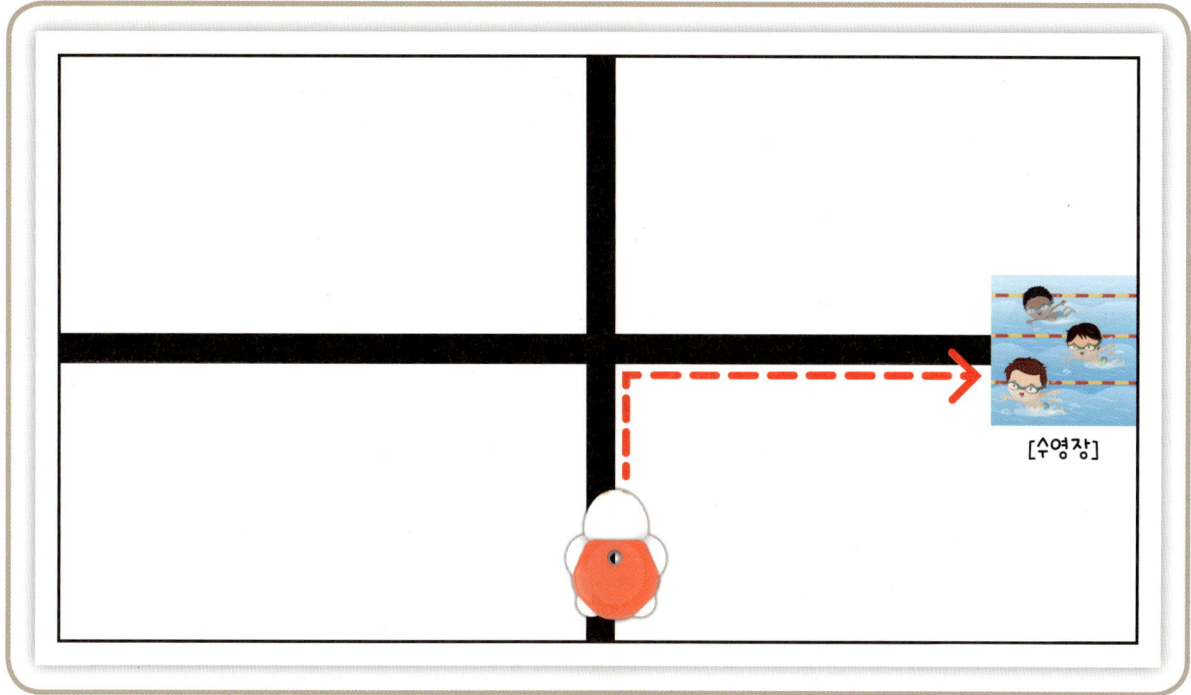

2 '교차로에서 오른쪽' 명령 색깔인 파란색 ■을 칠하세요.

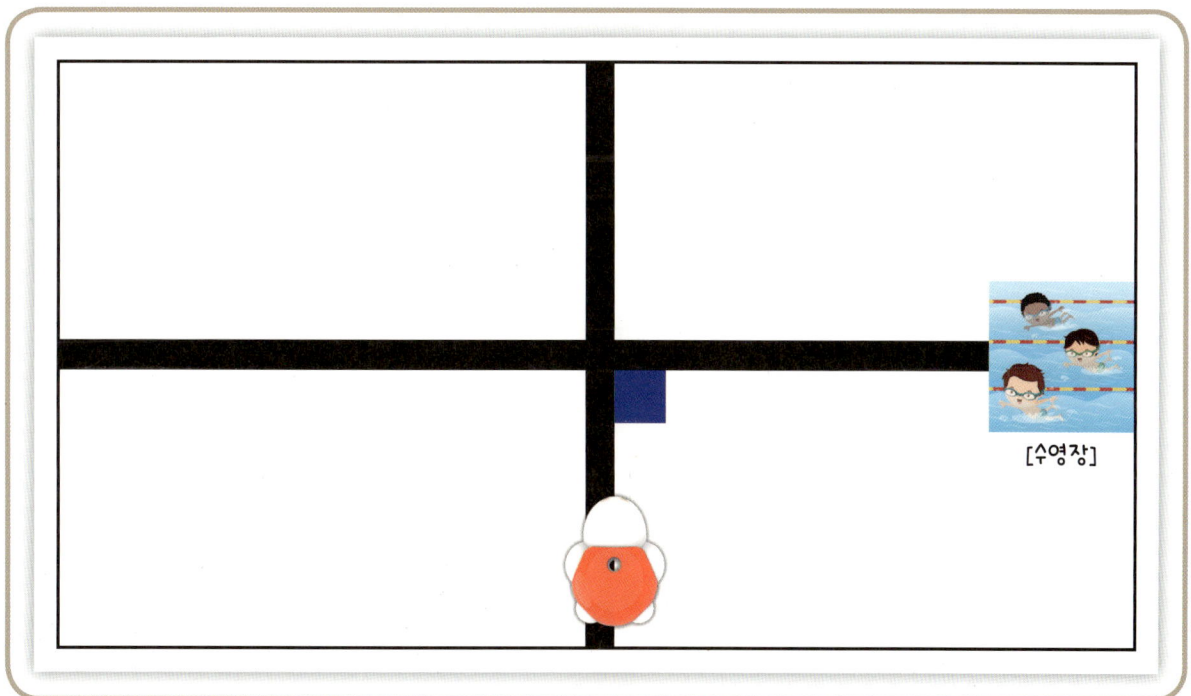

3 터틀 로봇이 수영장에 도착한 후 더 이상 움직이지 않고 멈추게 하려면 '정지' 명령 색깔인 빨간색 을 칠하세요. 이렇게 검은색 선 위에 색깔 명령을 표시한 후 터틀 로봇을 작동시켜 보세요.

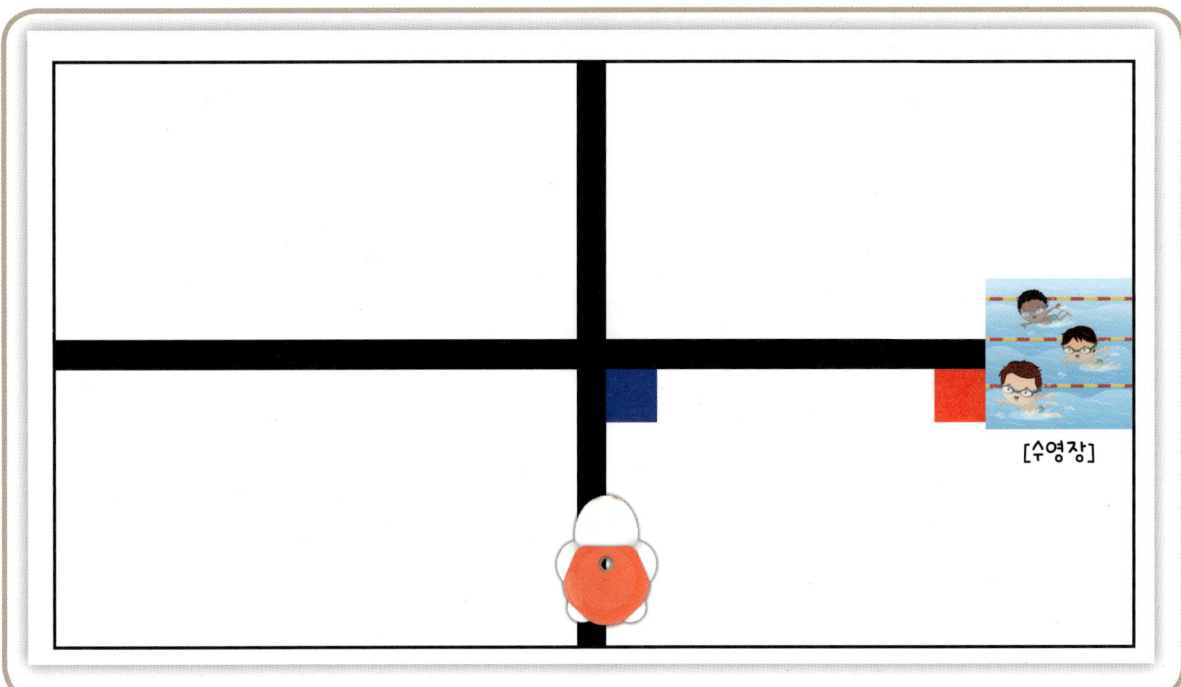

부모를 위한 도움말 : 공간 개념과 발달

공간 개념이란 공간으로부터 느껴지는 자극을 분별하고 인식하여 공간에 의한 경험과 관련해 주어진 자극을 해석하는 능력이라고 해요. 또한, 아이들이 주변 사람들이나 물체들 간의 관계 속에서 자신을 인식하는 것을 의미합니다. 연령별 아이들의 공간 개념 발달 과정은 다음 표와 같습니다.

연령별 특성	2~4세	– 사물을 다른 곳으로 이동시켜도 여전히 모양과 크기가 동일하다는 것을 이해하지 못하며 사물을 다른 측면에서 보았을 때 어떻게 보일지 이해하지 못함 – 모양, 크기, 형태, 방향에 대한 개념은 발달되지 않았으나 위상학적개념(근접, 개폐, 안과 밖, 분리, 순서 등)을 습득하기 시작
	4~7세	– 사물과 사물을 관련지어 생각할 수 있고, 공간에 순서와 구조가 있다는 것을 인식 – 사물의 상대적인 크기나 서로의 거리를 고려하지는 못함

* Read와 Patterson(1980)의 공간 개념의 발달 과정

터틀 로봇의 라인 코딩 활동을 통해 터틀이 움직이는 위치를 예측하거나 직접 경로를 계획해 봄으로써 위치적 관계를 기억하고 그리며 위치를 찾는 활동을 할 수 있습니다. 이러한 경험은 공간에 대해 인식하며 분별함으로써 공간 능력을 발달시킬 수 있습니다.

색깔을 활용하여 선 따라 이동하기

부록의 '활동 09 Ⓐ, Ⓑ 활동지(오른쪽으로 가기_도전)'에 색깔 사인펜을 사용해서 직접 터틀 로봇에게 명령을 내려보세요.

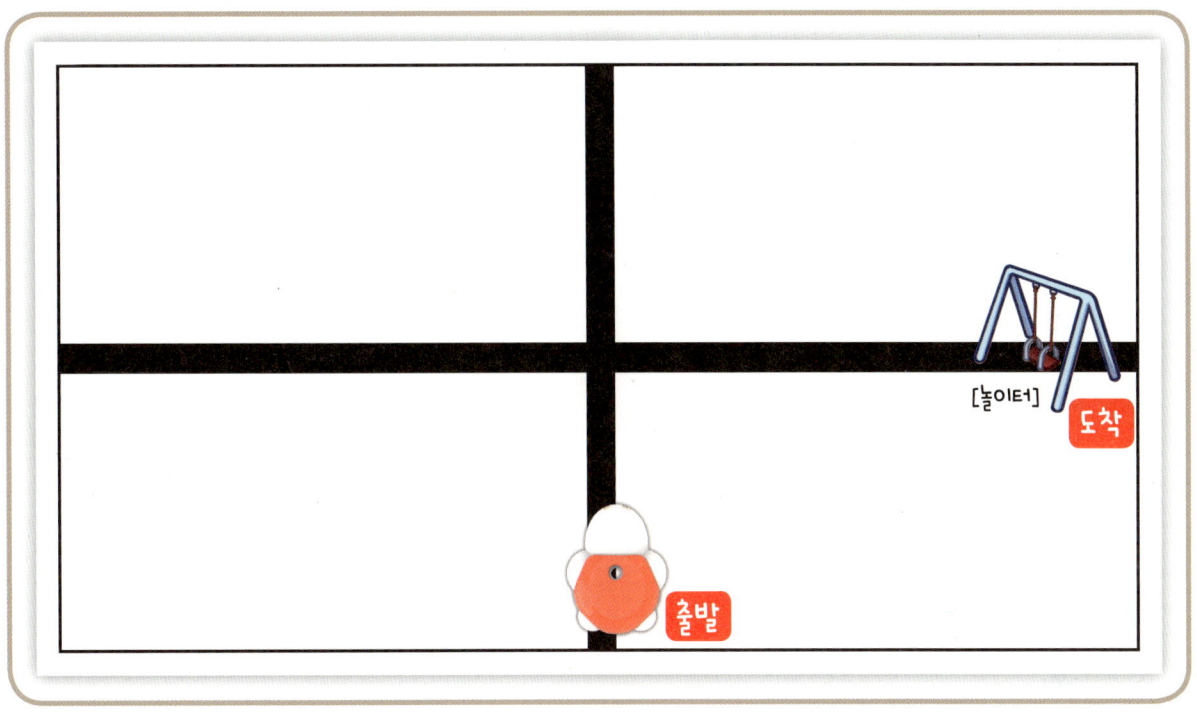

앞으로   교차로에서 왼쪽   교차로에서 오른쪽   돌아가기   정지

1 터틀 로봇이 놀이터로 가요.
① 교차로에서 어떤 색깔을 사용하면 좋을까요?
② 빈 칸을 파란색 펜으로 색칠하세요.

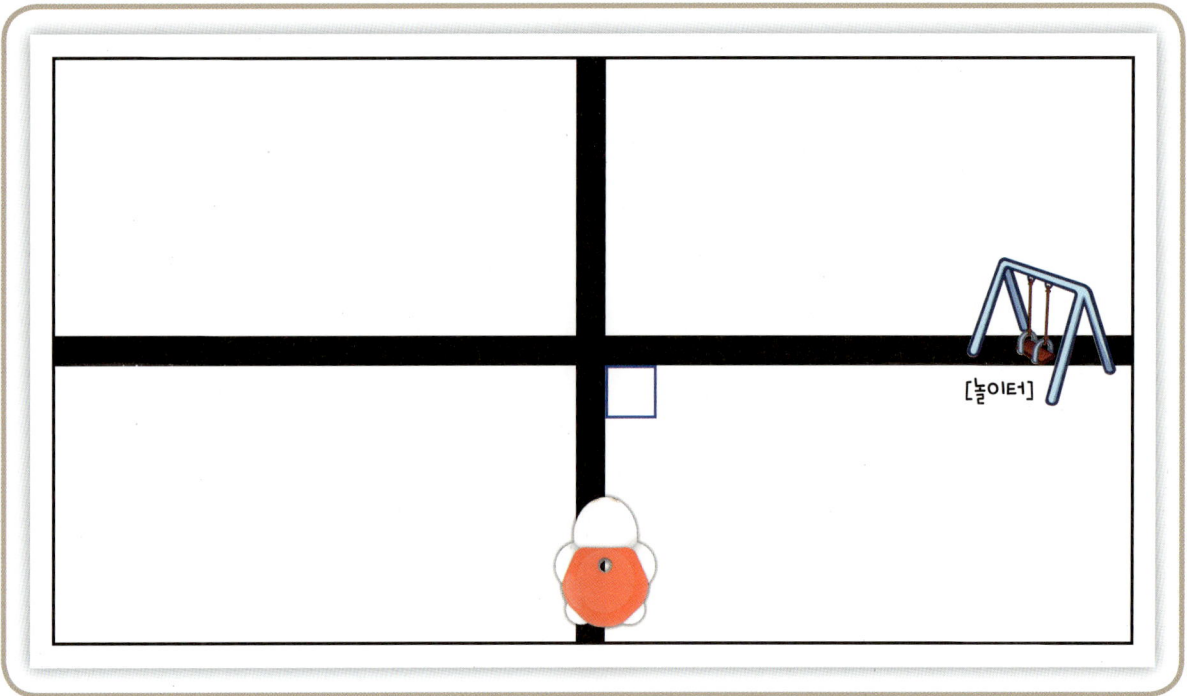

2 터틀 로봇이 놀이터에 도착한 뒤에도 계속 검은색 선을 따라 움직여요. 놀이터에 도착한 후에는 멈추게 하고 싶어요.
③ 어떤 색깔을 사용하면 좋을까요? 빈 칸을 빨간색 펜으로 색칠하세요.

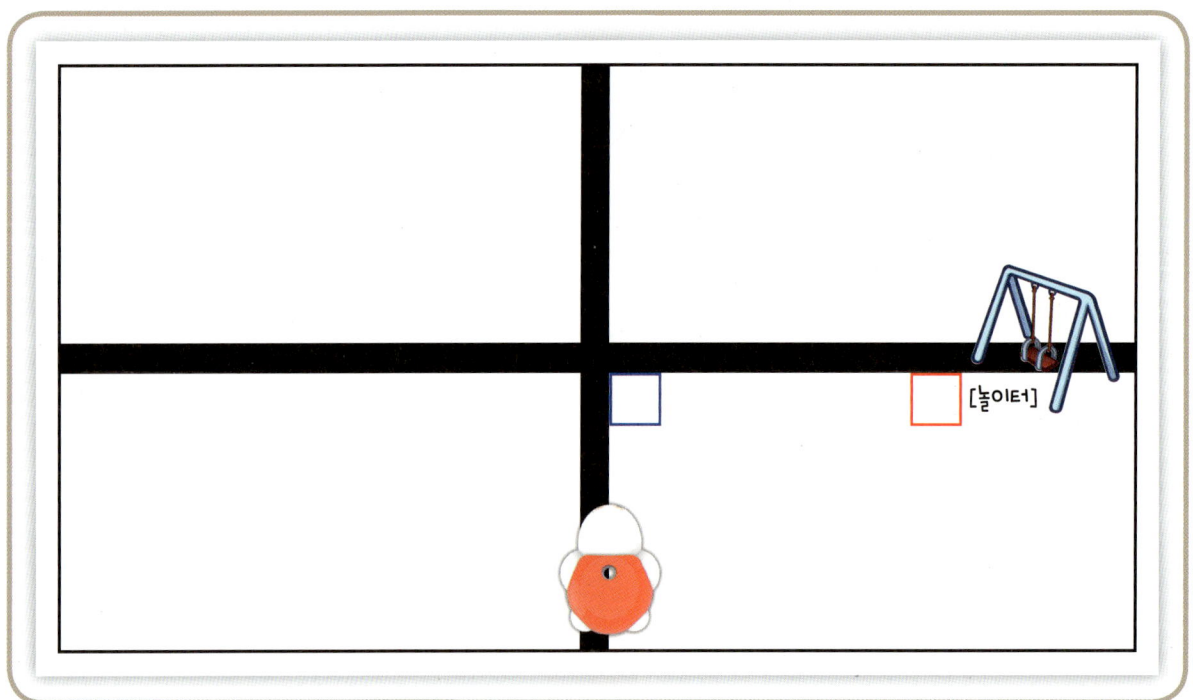

활동 06 : 왼쪽으로 가기

준비물 : 터틀 로봇, 부록의 '활동 10 Ⓐ, Ⓑ 활동지(왼쪽으로 가기)', 색깔 사인펜

● 이 활동을 통해 터틀 로봇이 교차로에서 왼쪽으로 이동할 수 있는 방법을 익힐 수 있어요.

같이 해보아요!

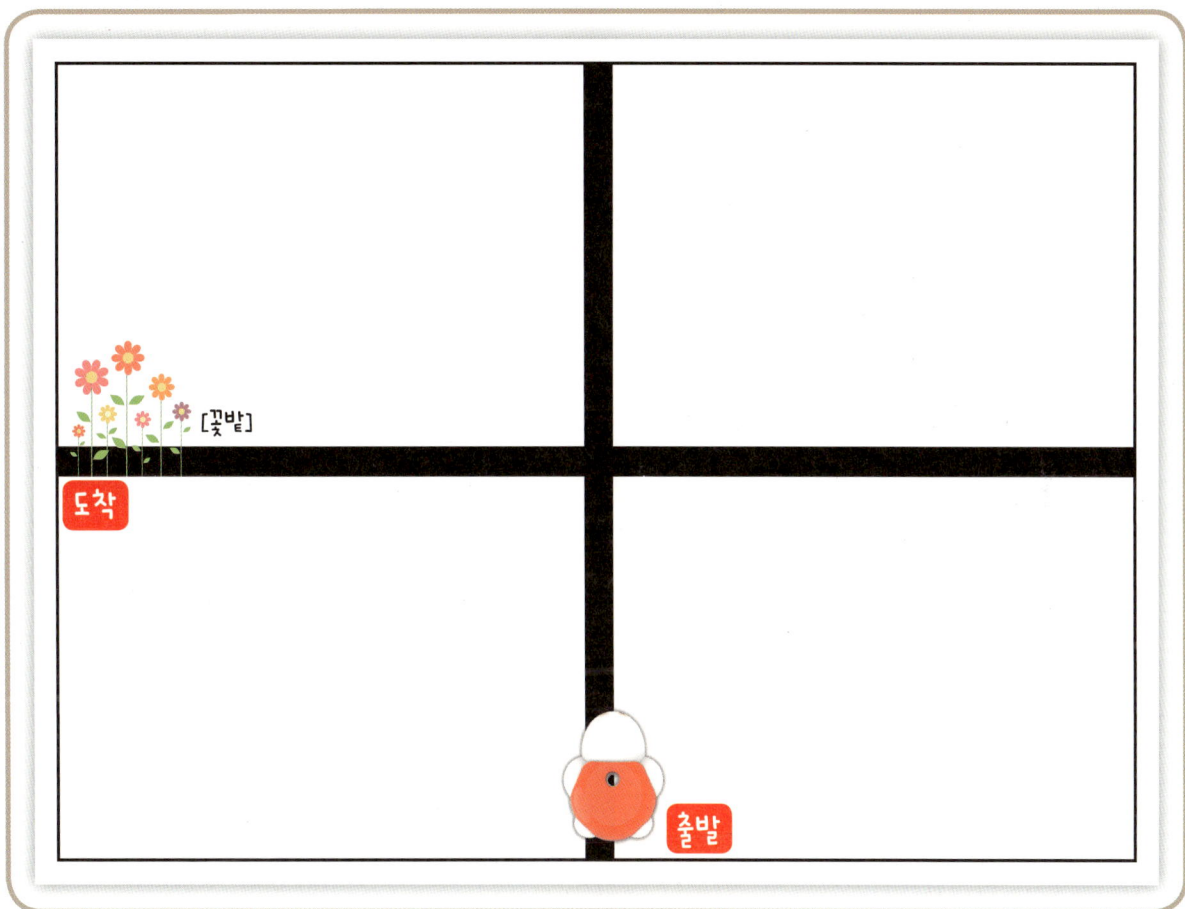

PART 01 :: 라인 코딩 · 043

1 터틀 로봇을 활동지 교차로 위에 올려놓아요. 터틀 로봇이 꽃밭으로 가려면 교차로에서 왼쪽으로 가야 해요.

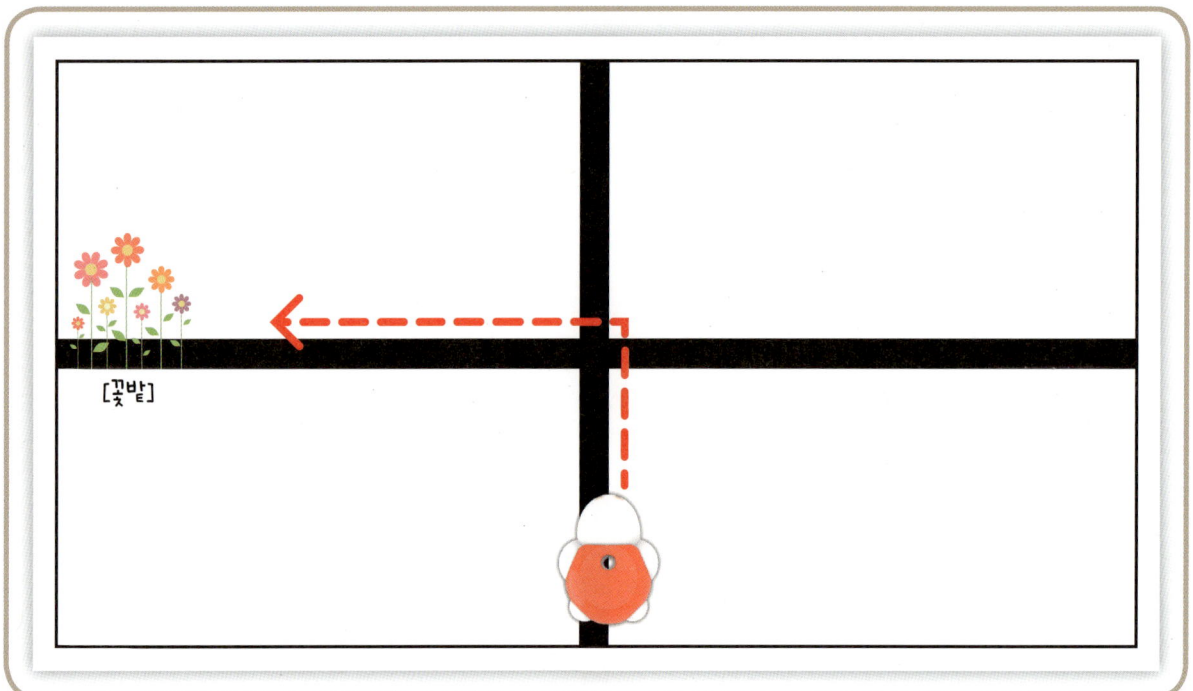

2 '교차로에서 왼쪽' 명령 색깔인 노란색 ■을 칠하세요.

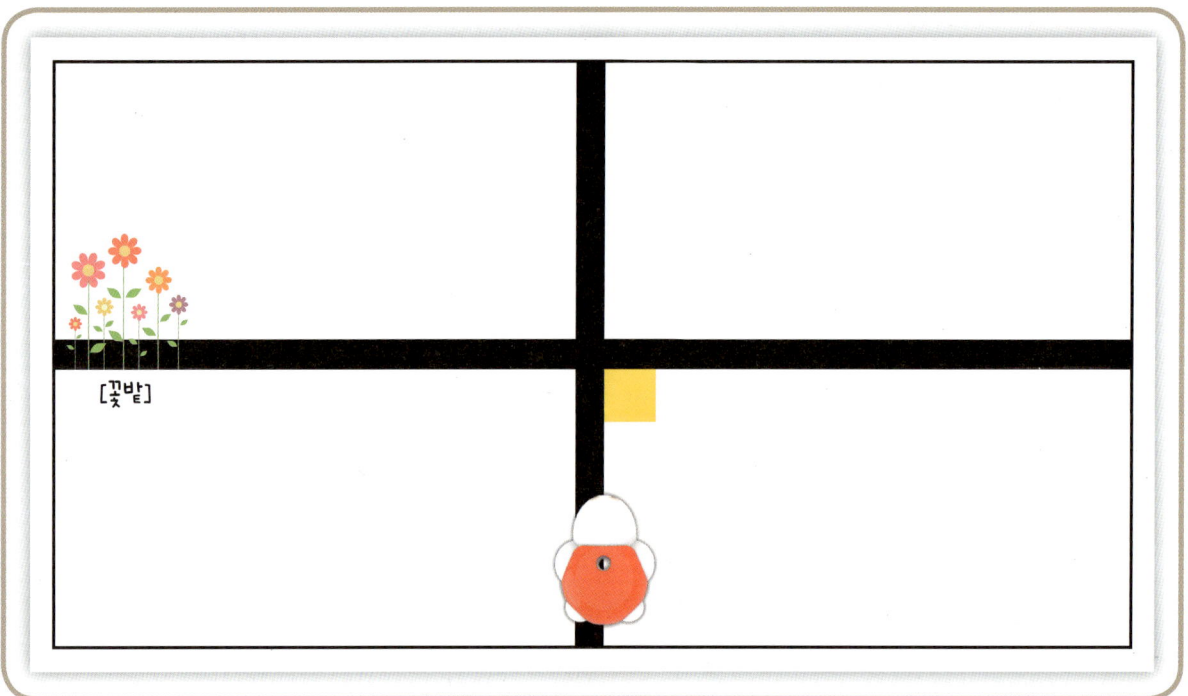

3 터틀 로봇이 꽃밭에 도착한 후 더 이상 움직이지 않고 멈추게 하려면 '정지' 명령 색깔인 빨간색 ■을 칠하세요. 이렇게 검은색 선 위에 색깔 명령을 표시한 후 터틀 로봇을 작동시켜 보세요.

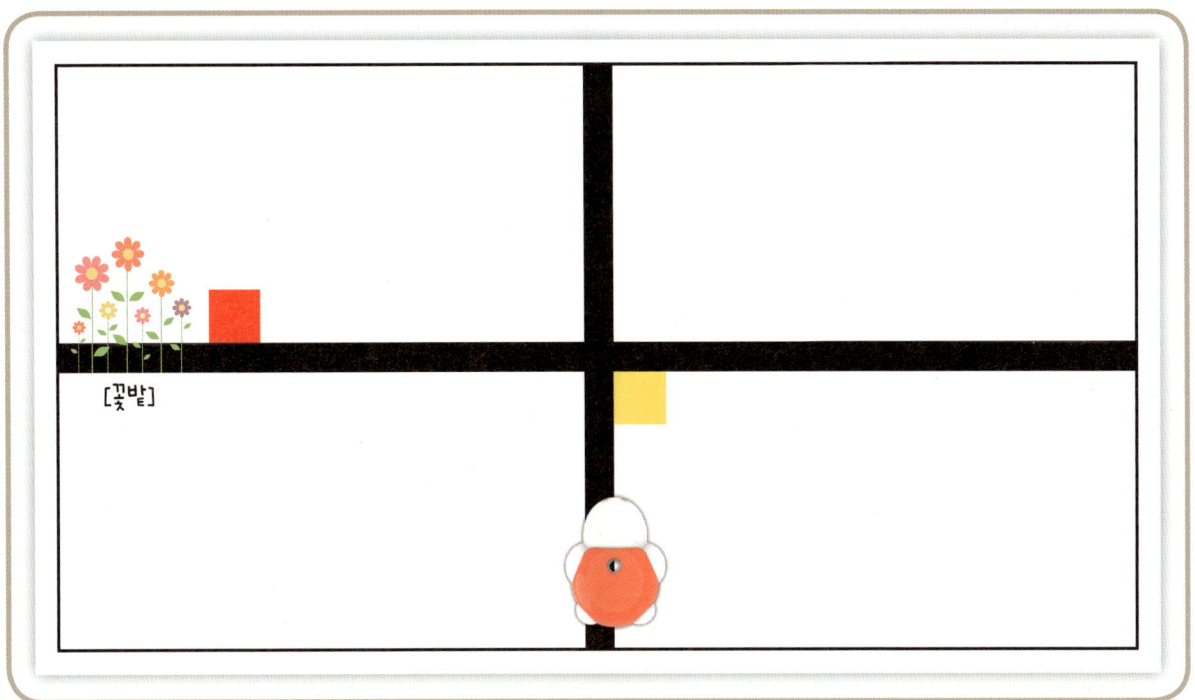

[꽃밭]

색깔을 활용하여 선 따라 이동하기

부록의 '활동 11 Ⓐ, Ⓑ 활동지(왼쪽으로 가기_도전)'에 색깔 사인펜을 사용해서 직접 터틀 로봇에게 명령을 내려보세요.

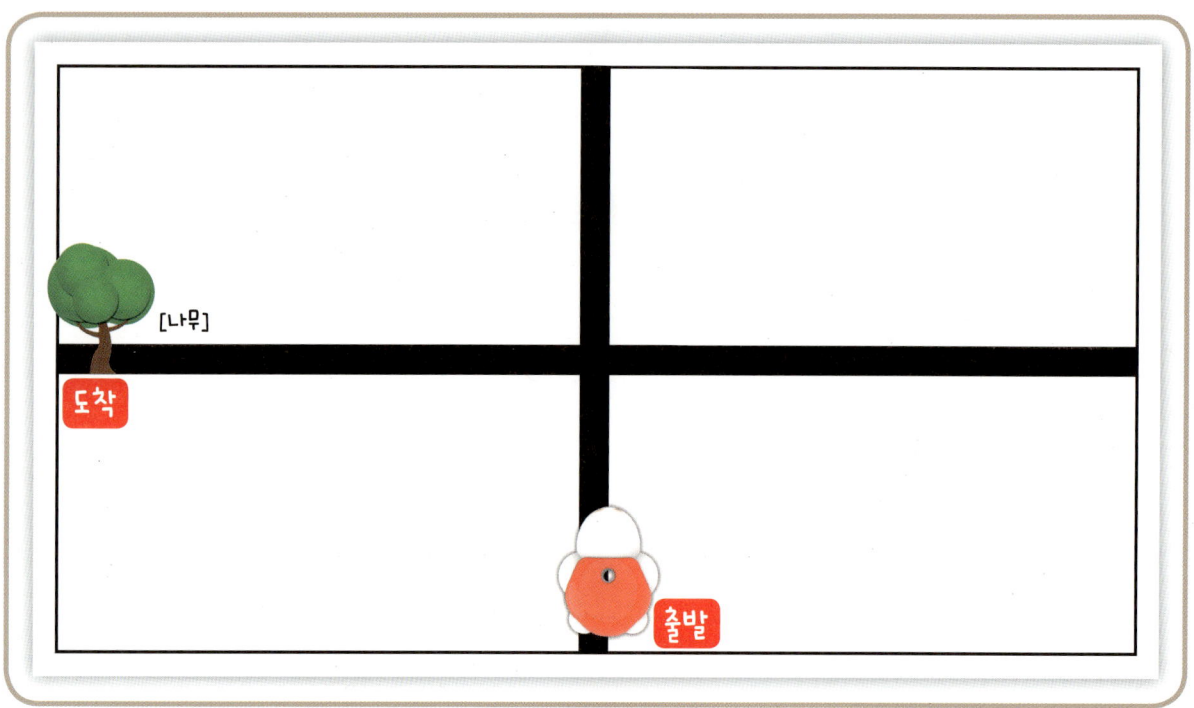

앞으로   교차로에서 왼쪽   교차로에서 오른쪽   돌아가기   정지

1 터틀 로봇을 나무가 있는 곳으로 가요.
　① 교차로에서 어떤 색깔을 사용하면 좋을까요?
　② 빈 칸을 노란색 펜으로 색칠하세요.

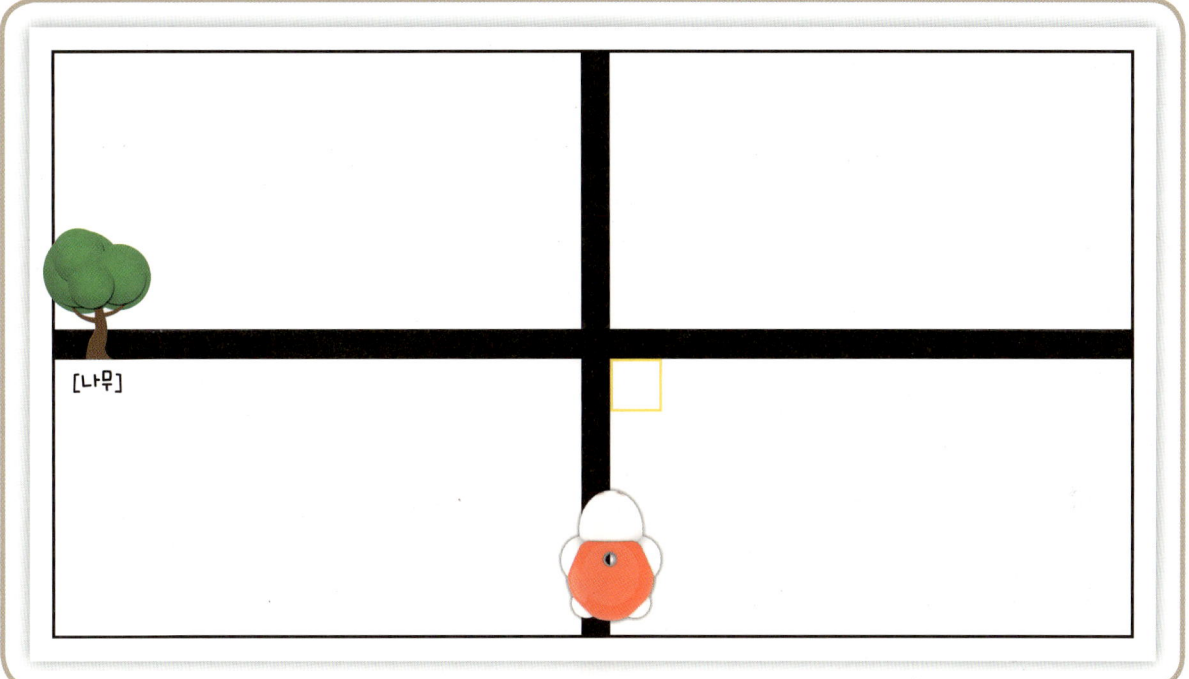

2 터틀 로봇이 나무에 도착한 뒤에도 계속 검은색 선을 따라 움직여요. 나무에 도착한 후에는 멈추게 하고 싶어요.
　③ 어떤 색깔을 사용하면 좋을까요? 빈 칸을 빨간색 펜으로 색칠하세요.

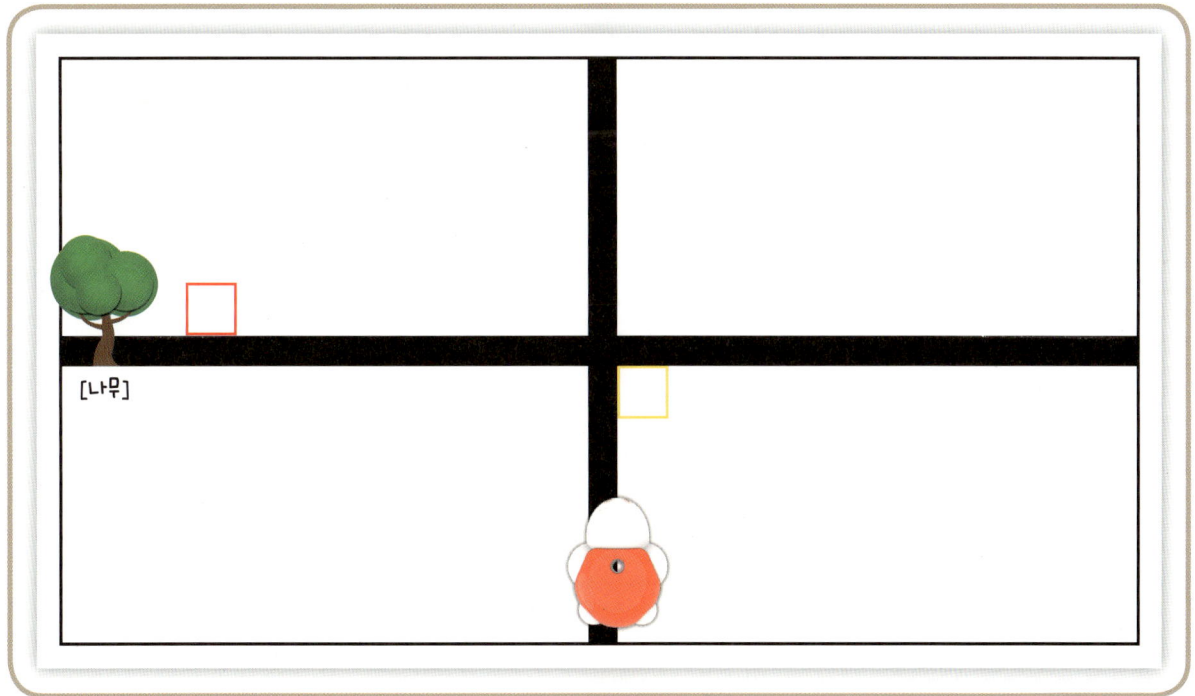

활동 07 돌아가기 (직진으로 돌아가기)

준비물 : 터틀 로봇, 부록의 '활동 12 Ⓐ, Ⓑ 활동지(돌아가기_직진으로 돌아가기)', 색깔 사인펜

● 이 활동을 통해 터틀 로봇이 교차로를 지나 목적지에서 돌아서서 다시 직진하여 돌아오는 기능을 익힐 수 있어요.

같이 해보아요!

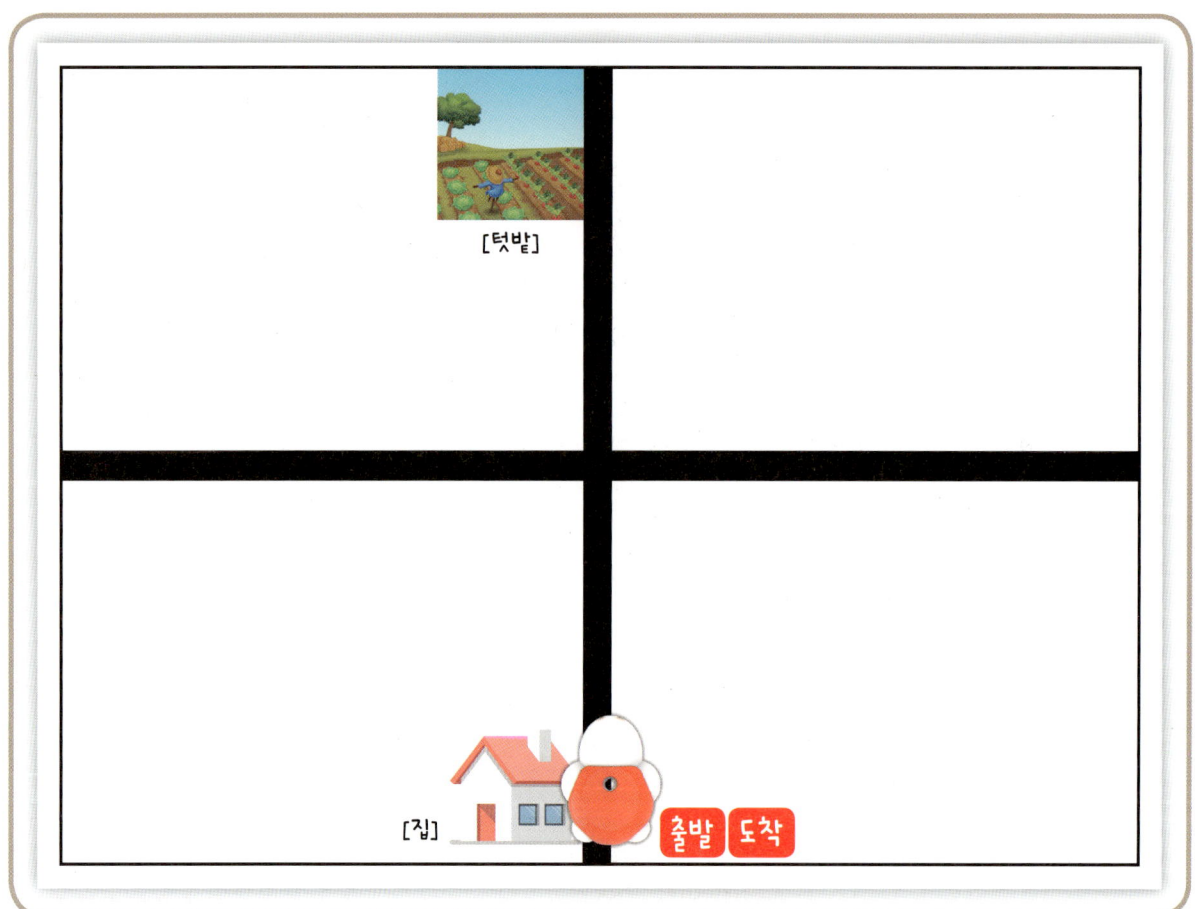

1 터틀 로봇을 활동지 교차로 위에 올려놓아요. 터틀 로봇이 텃밭에 갔다가 집으로 돌아와야 해요.

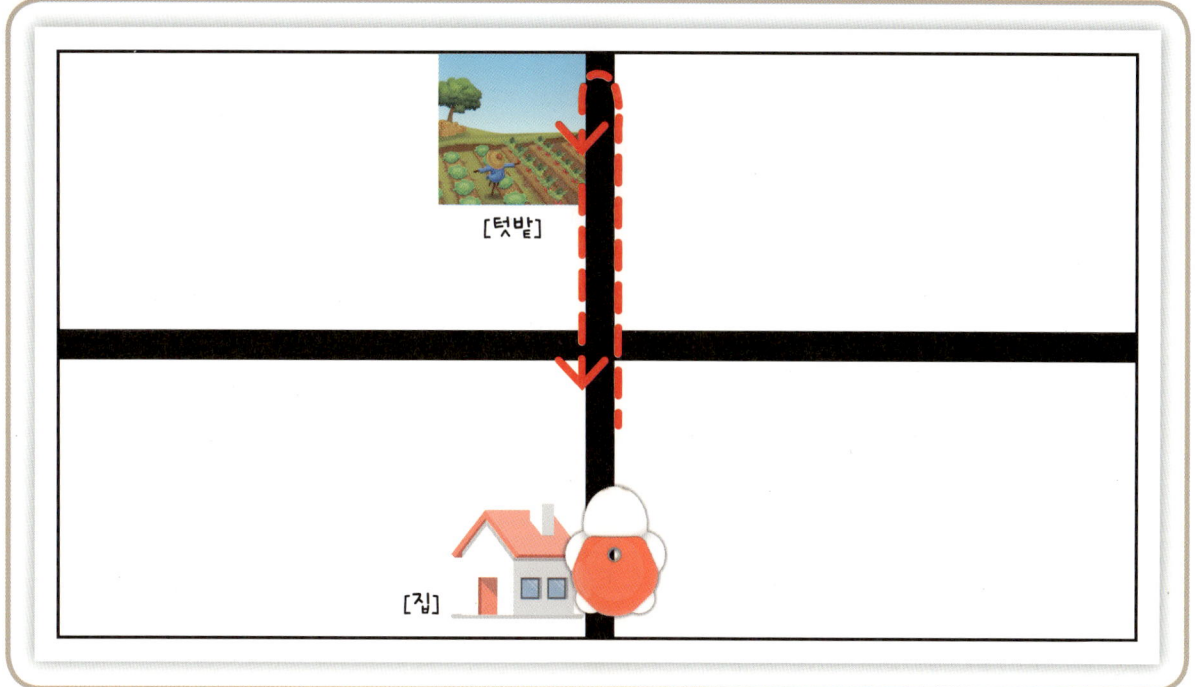

2 교차로에 '앞으로' 명령 색깔인 초록색 ■ 을 칠하세요.

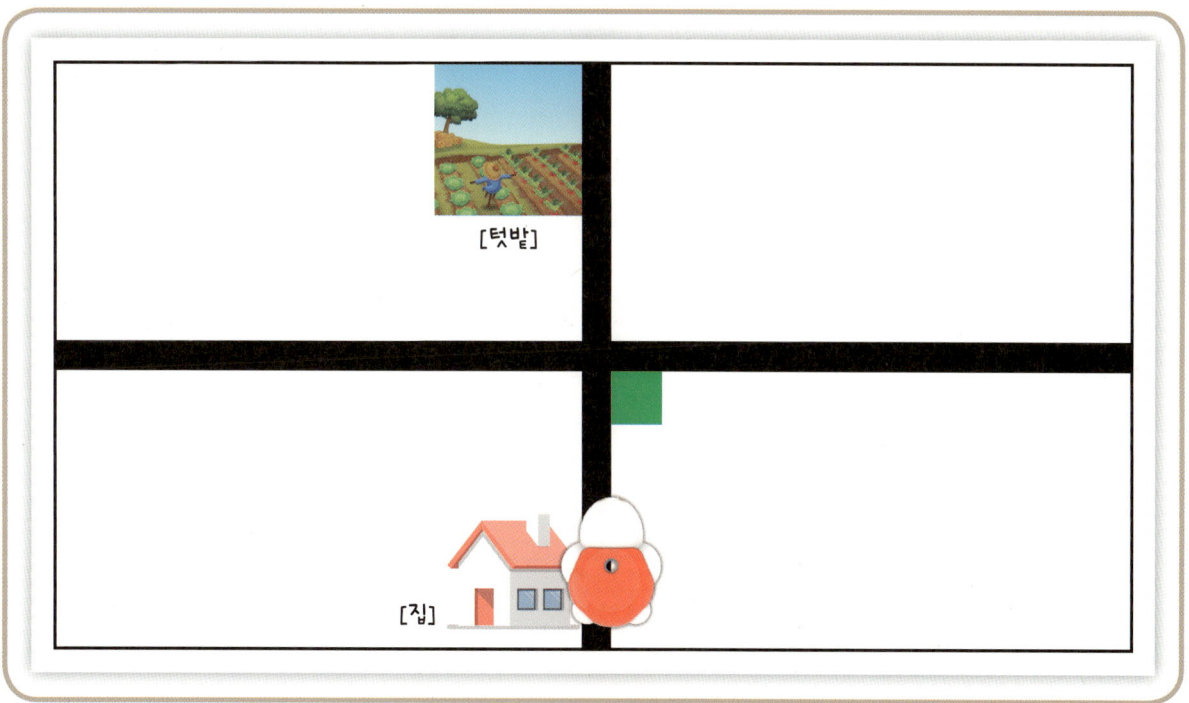

PART 01 :: 라인 코딩 • **049**

3 터틀 로봇이 텃밭에 도착한 후 유턴해서 돌아올 수 있도록 '유턴' 명령 색깔인 자주색 ■을 칠하세요.

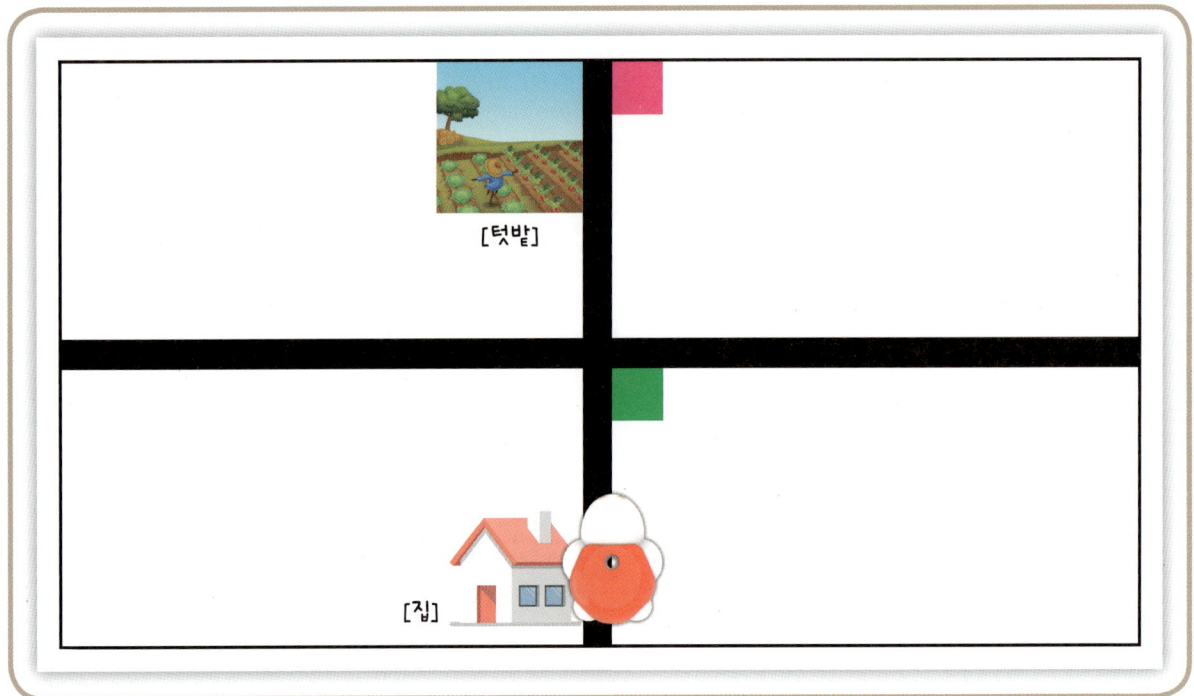

4 텃밭에서 돌아오는 길에 다시 만나는 교차로에 '앞으로' 명령 색깔인 초록색 ■을 칠하세요.

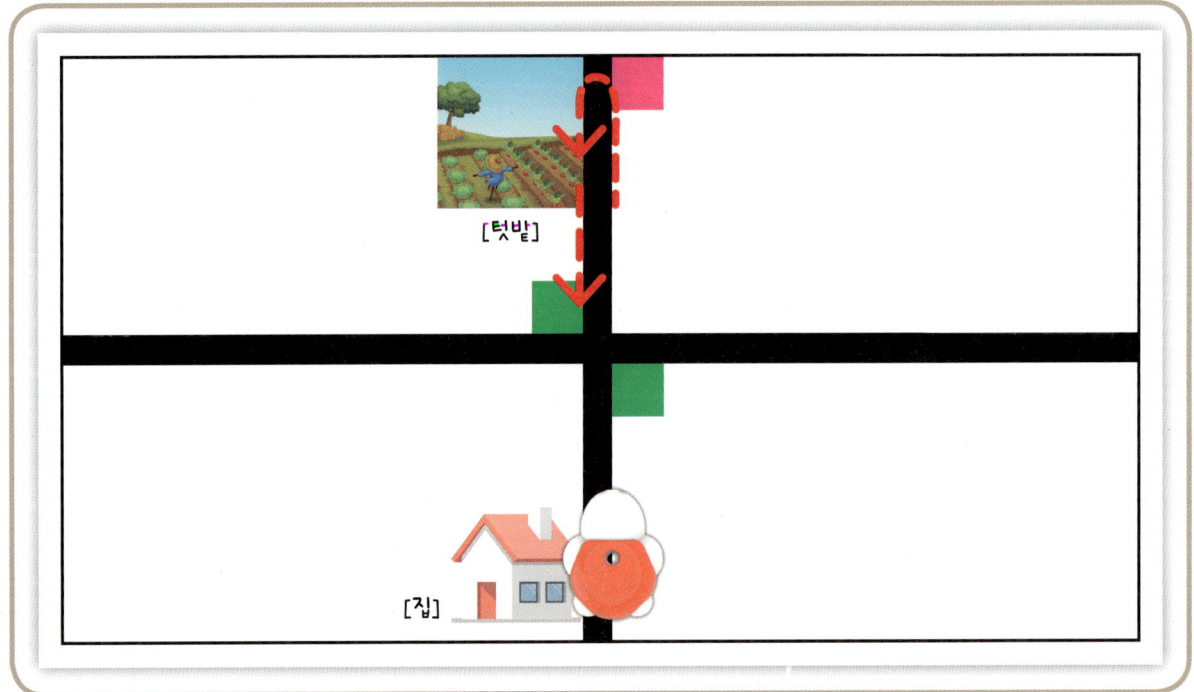

5 터틀 로봇이 집에 도착한 후 더 이상 움직이지 않고 멈추게 하려면 '정지' 명령 색깔인 빨간색 ■을 칠하세요. 이렇게 검은색 선 위에 색깔 명령을 표시한 후 터틀 로봇을 작동시켜 보세요.

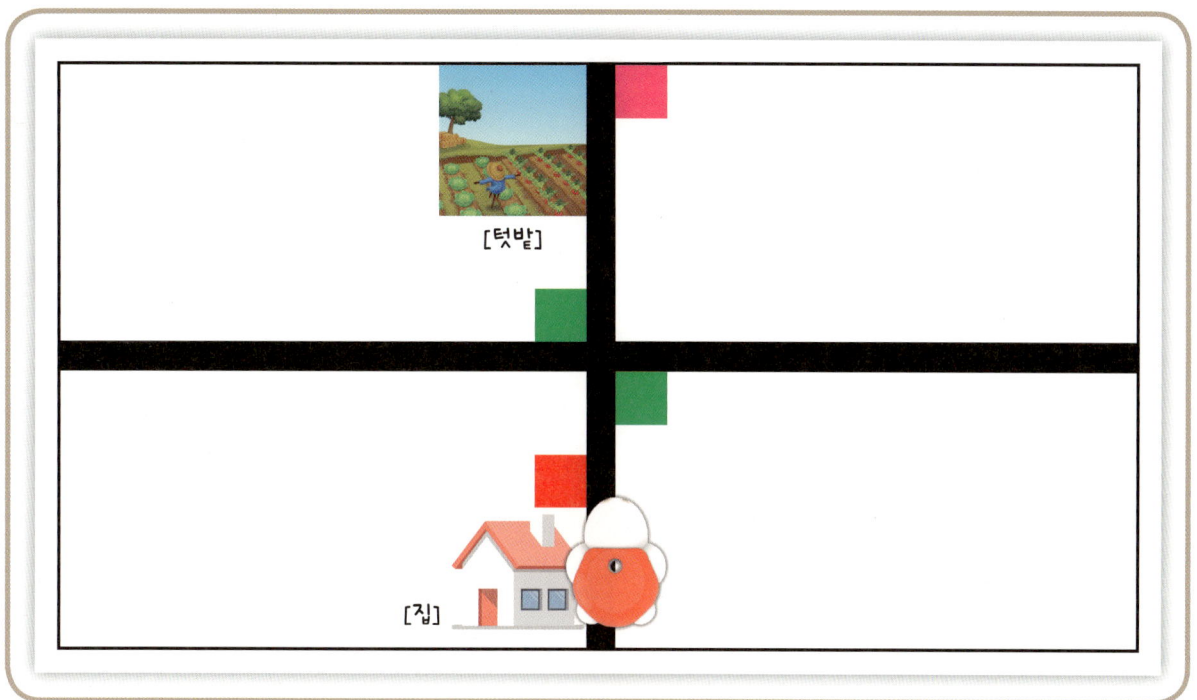

색깔을 활용하여 선 따라 이동하기

부록의 '활동 13 Ⓐ, Ⓑ 활동지(돌아가기_직진으로 돌아가기_도전)'에 색깔 사인펜을 사용해서 직접 터틀 로봇에게 명령을 내려보세요.

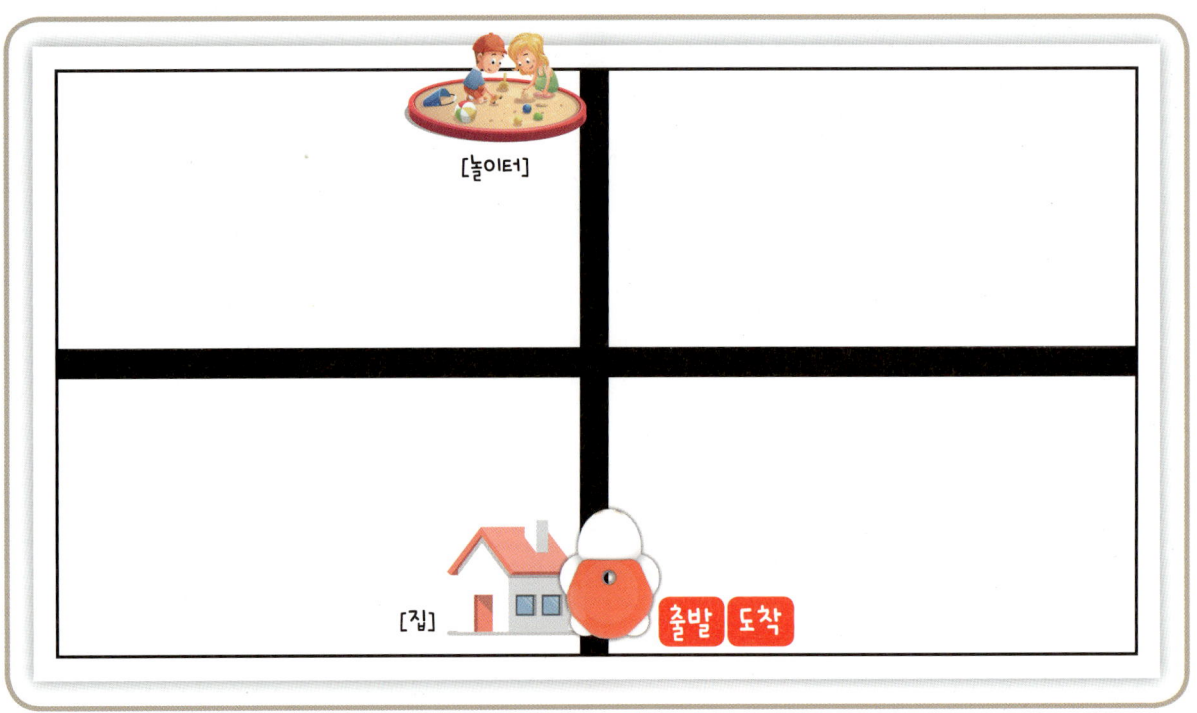

| 앞으로 | 교차로에서 왼쪽 | 교차로에서 오른쪽 | 돌아가기 | 정지 |

1. 터틀 로봇이 놀이터에 가서 모래놀이를 하고 집으로 돌아와요. 터틀 로봇이 모래놀이를 하려면 먼저 놀이터에 도착해야 해요.
   ① 교차로에서 어떤 색깔을 사용하면 좋을까요?
   ② 빈 칸을 초록색 펜으로 색칠하세요.

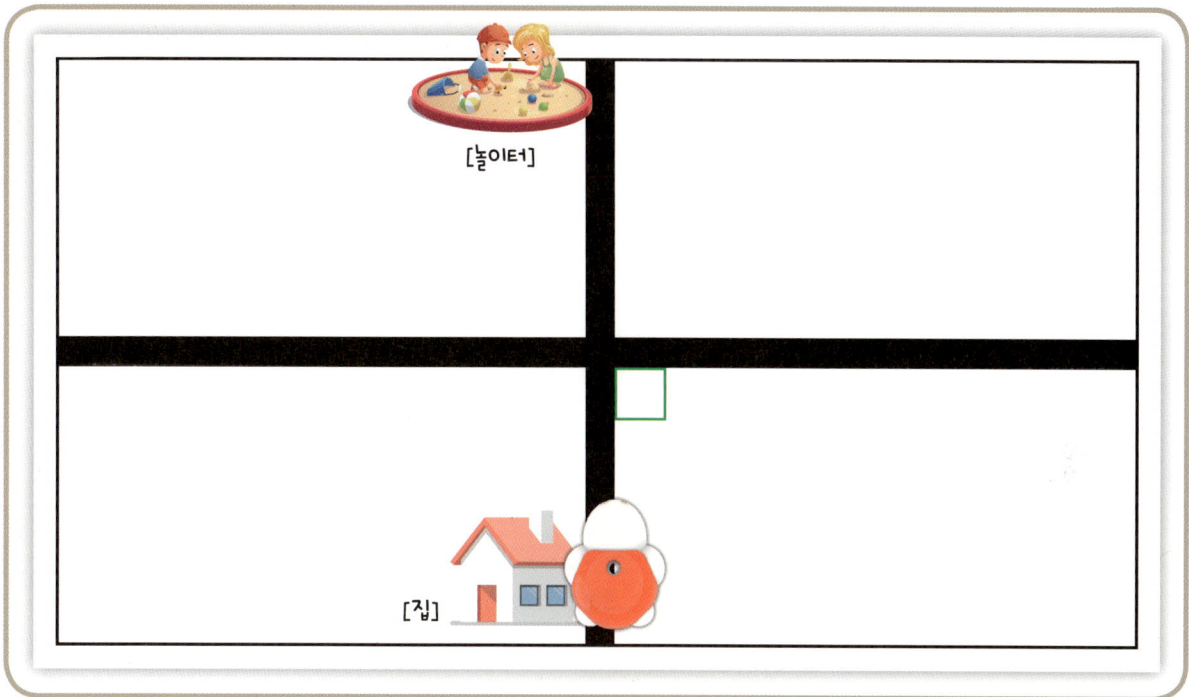

2. 터틀 로봇이 놀이터에 도착한 뒤에는 유턴해서 집으로 돌아와야 해요.
   ③ 어떤 색깔을 사용하면 좋을까요? 빈 칸을 자주색 펜으로 색칠하세요.

3 놀이터에서 유턴해서 집으로 가는 길에 다시 교차로를 만났어요. 집으로 가려면 직진해야 해요.

④ 어떤 색깔을 사용하면 좋을까요? 빈 칸을 초록색 펜으로 색칠하세요.

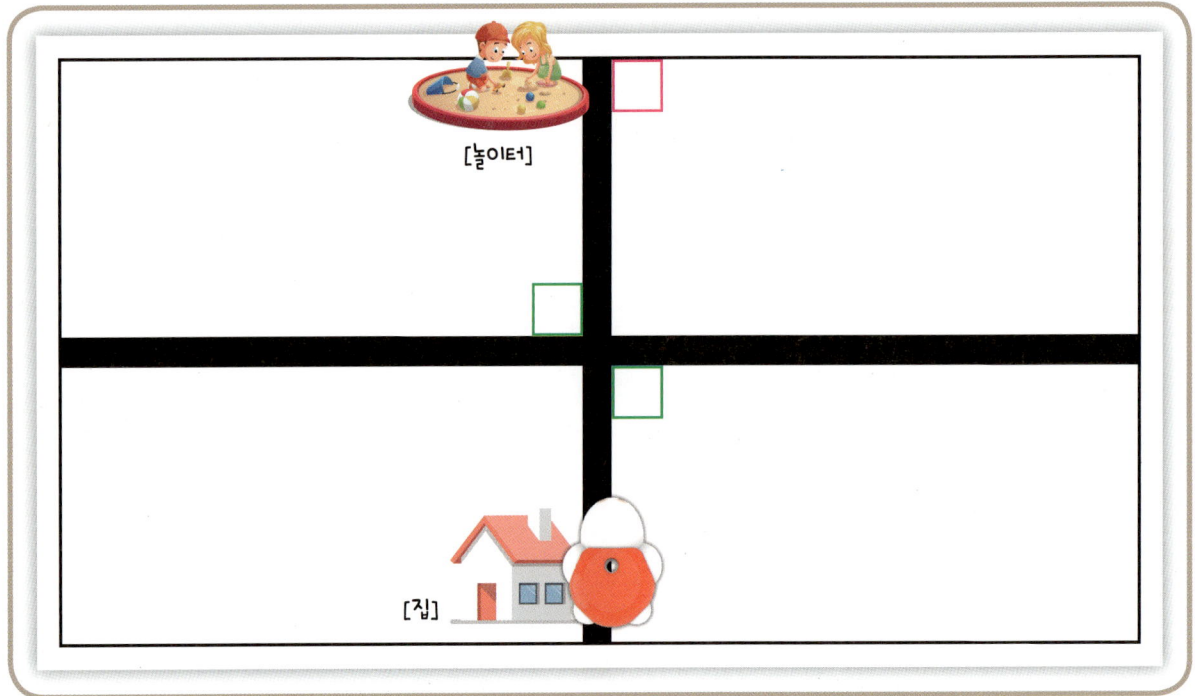

4 집에 도착한 뒤에는 멈추게 하고 싶어요.

⑤ 어떤 색깔을 사용하면 좋을까요? 빈 칸을 빨간색 펜으로 색칠하세요.

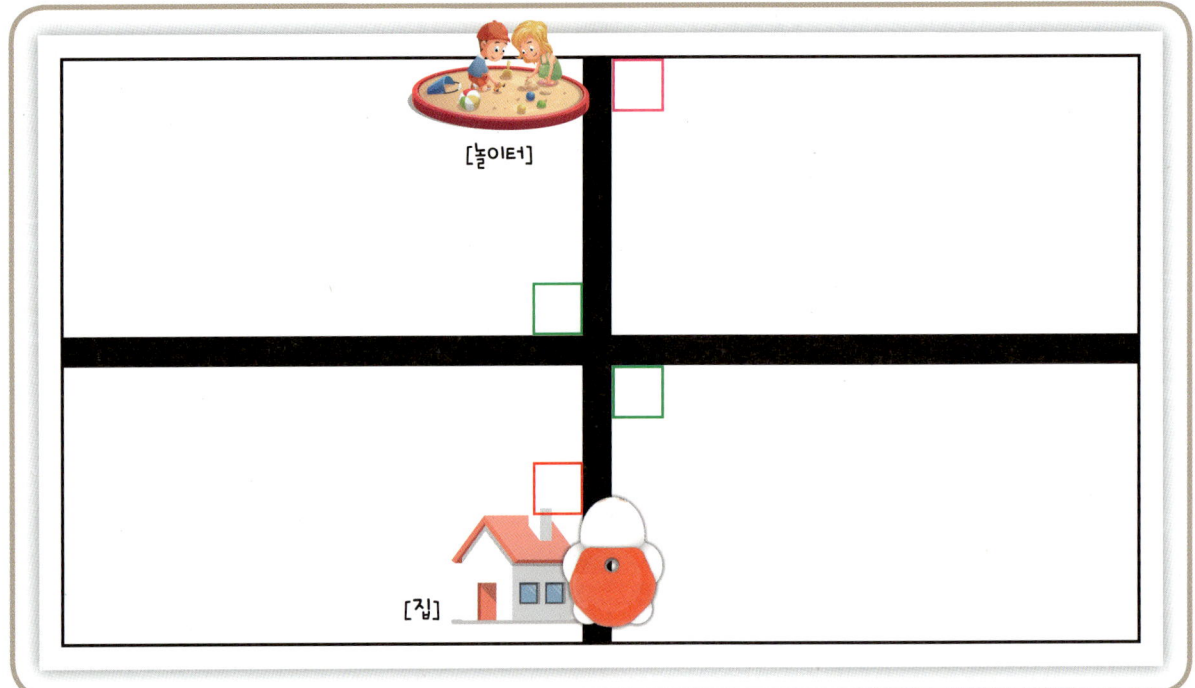

활동 08 돌아가기 (오른쪽 방향으로 돌아가기)

준비물 : 터틀 로봇, 부록의 '활동 14 ❹, ❺ 활동지(돌아가기_오른쪽 방향으로 돌아가기)', 색깔 사인펜

● 이 활동을 통해 터틀 로봇이 교차로를 지나 오른쪽으로 이동한 후 목적지에서 유턴하여 출발지점으로 돌아오는 방법을 익힐 수 있어요.

같이 해보아요!

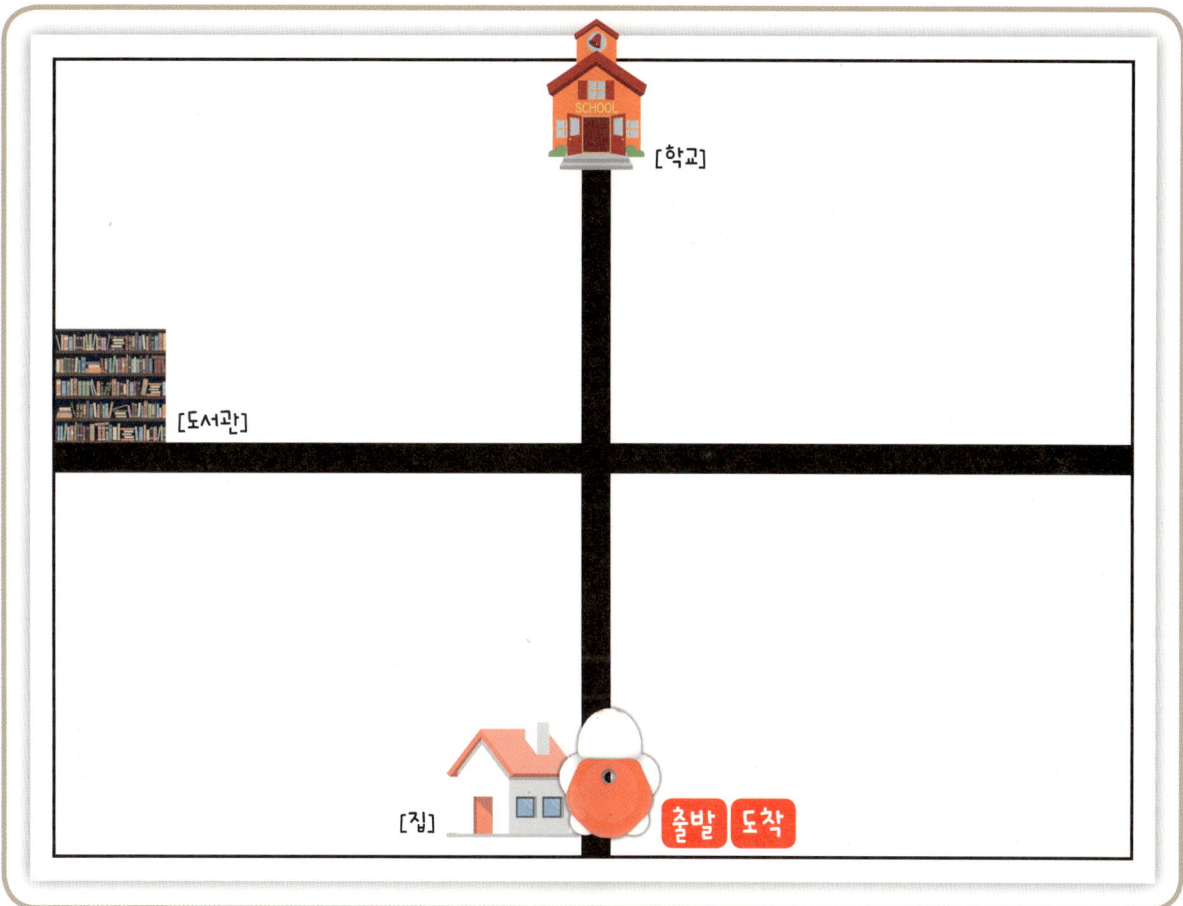

PART 01 :: 라인 코딩 · 055

1 터틀 로봇을 활동지 교차로 위에 올려놓아요. 터틀 로봇이 학교에 갔다가, 도서관에 들려서 집으로 와야 해요.

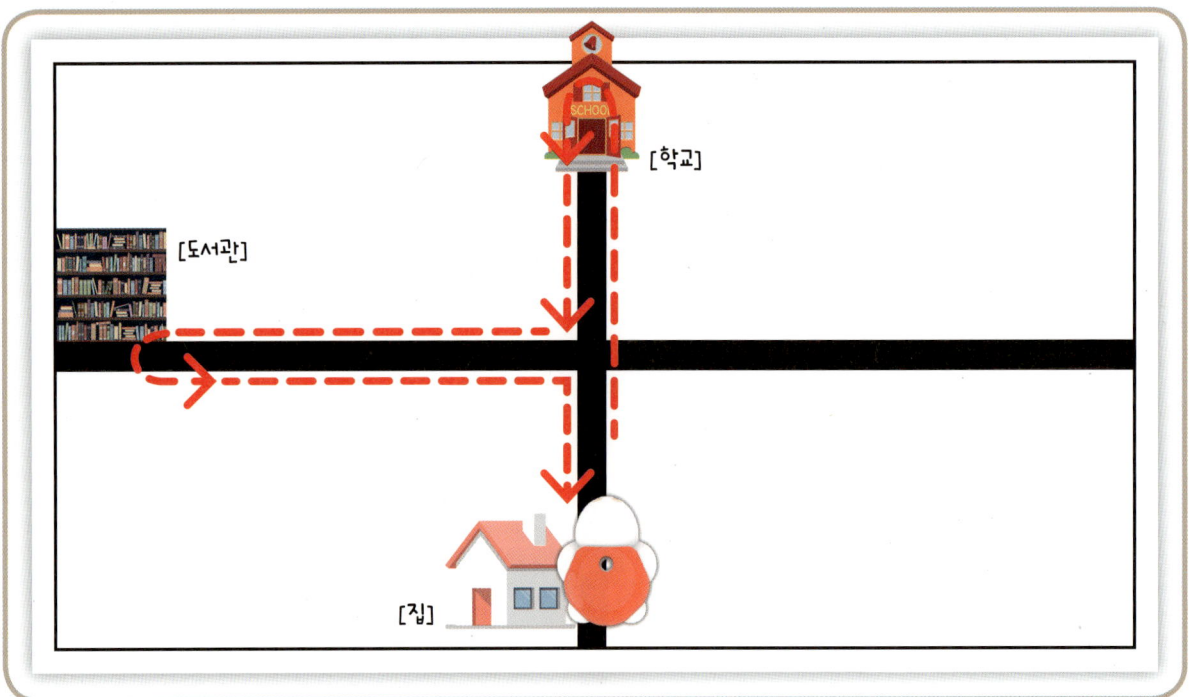

2 첫 번째 목표점인 학교로 가야 해요. 교차로에서 '앞으로' 명령 색깔인 초록색 ■을 칠하세요.

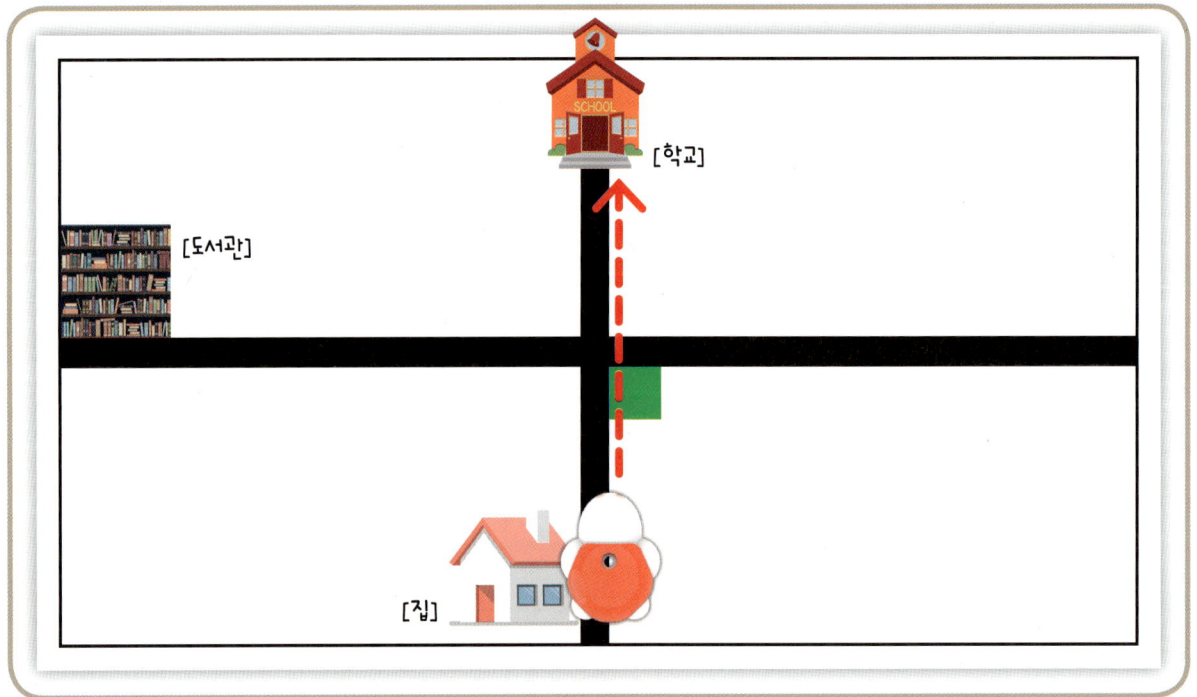

3 터틀 로봇이 학교에 도착한 후 유턴해서 돌아올 수 있도록 '유턴' 명령 색깔인 자주색 ■을 칠하세요.

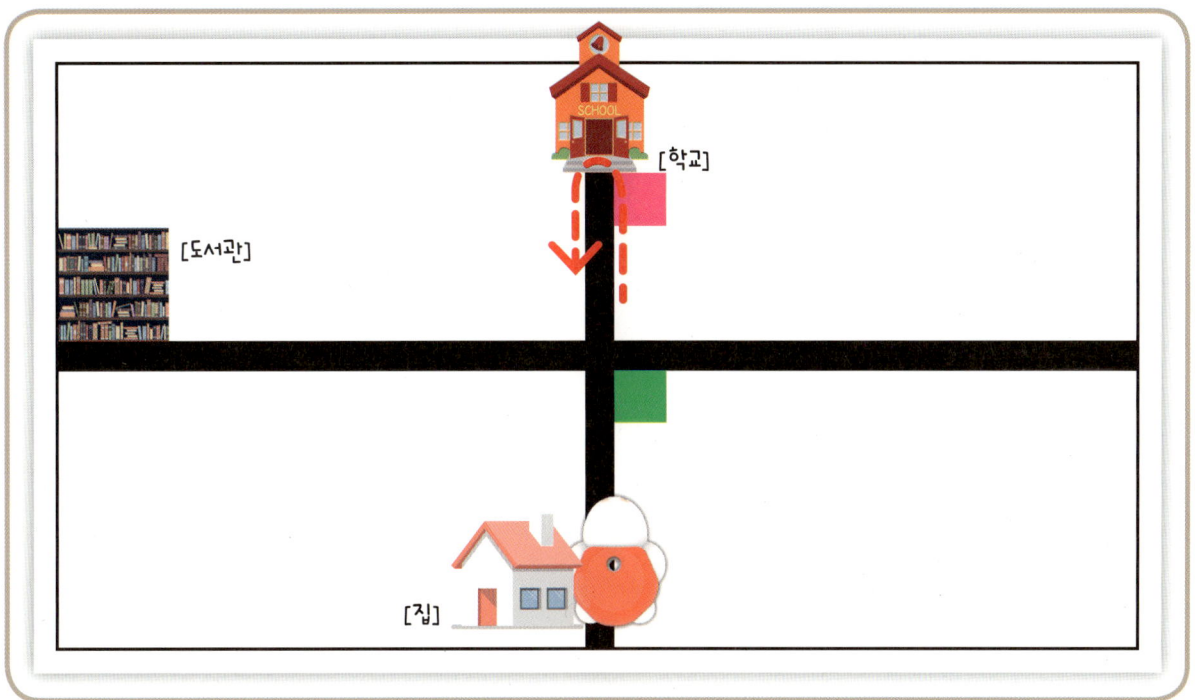

4 학교에서 도서관으로 가야 해요. 돌아오는 길에 다시 만나는 교차로에서 '교차로에서 오른쪽' 명령 색깔인 파란색 ■을 칠하세요.

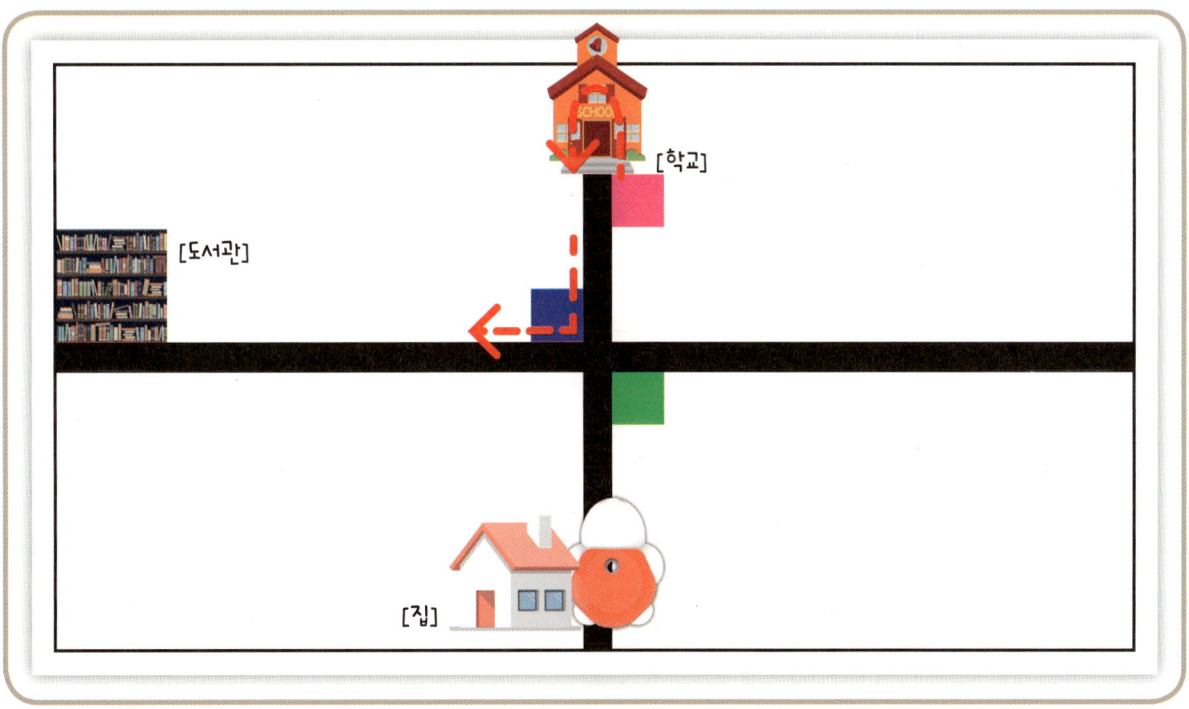

5 터틀 로봇이 도서관에 도착한 후 유턴해서 돌아올 수 있도록 '유턴' 명령 색깔인 자주색 ■ 을 칠하세요.

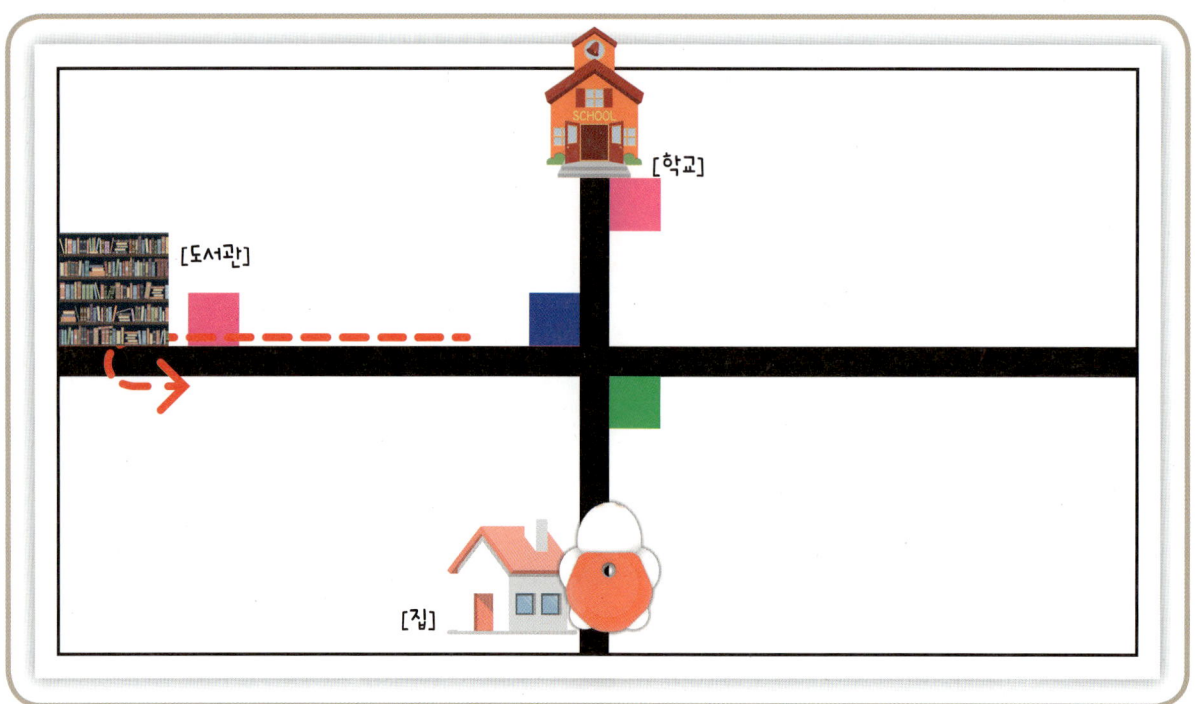

6 이제 도서관에서 집으로 돌아가야 해요. 돌아오는 길에 다시 만나는 교차로에서 '교차로에서 오른쪽' 명령 색깔인 파란색 ■ 을 칠하세요.

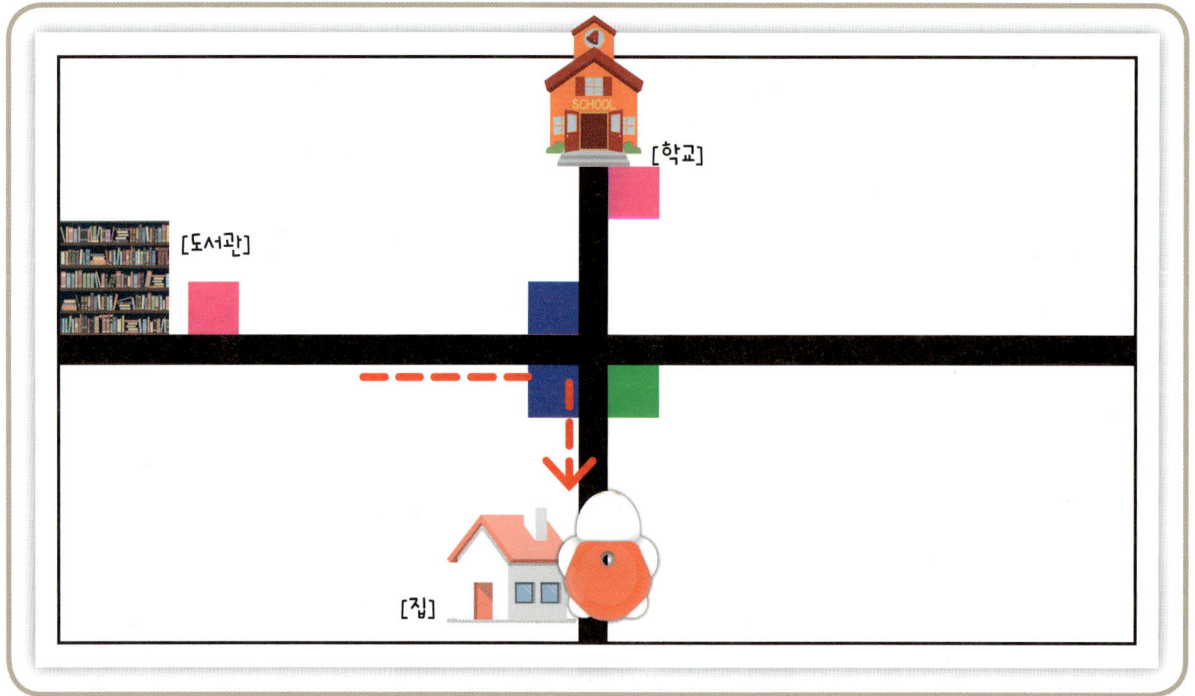

7 터틀 로봇이 집에 도착한 후 더 이상 움직이지 않고 멈추게 하려면 '정지' 명령 색깔인 빨간색 을 칠하세요. 이렇게 검은색 선 위에 색깔 명령을 표시한 후 터틀 로봇을 작동시켜 보세요.

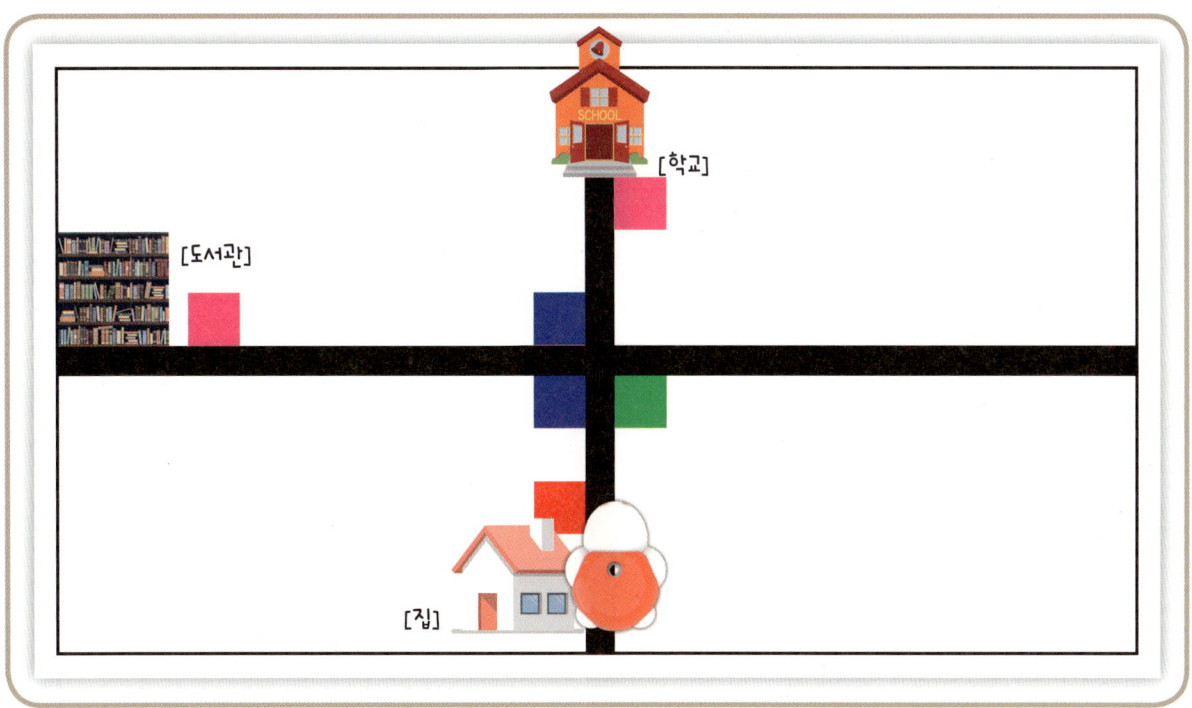

색깔을 활용하여 선 따라 이동하기

부록의 '활동 15 Ⓐ, Ⓑ 활동지(돌아가기_오른쪽 방향으로 돌아가기_도전)'에 색깔 사인펜을 사용해서 직접 터틀 로봇에게 명령을 내려보세요.

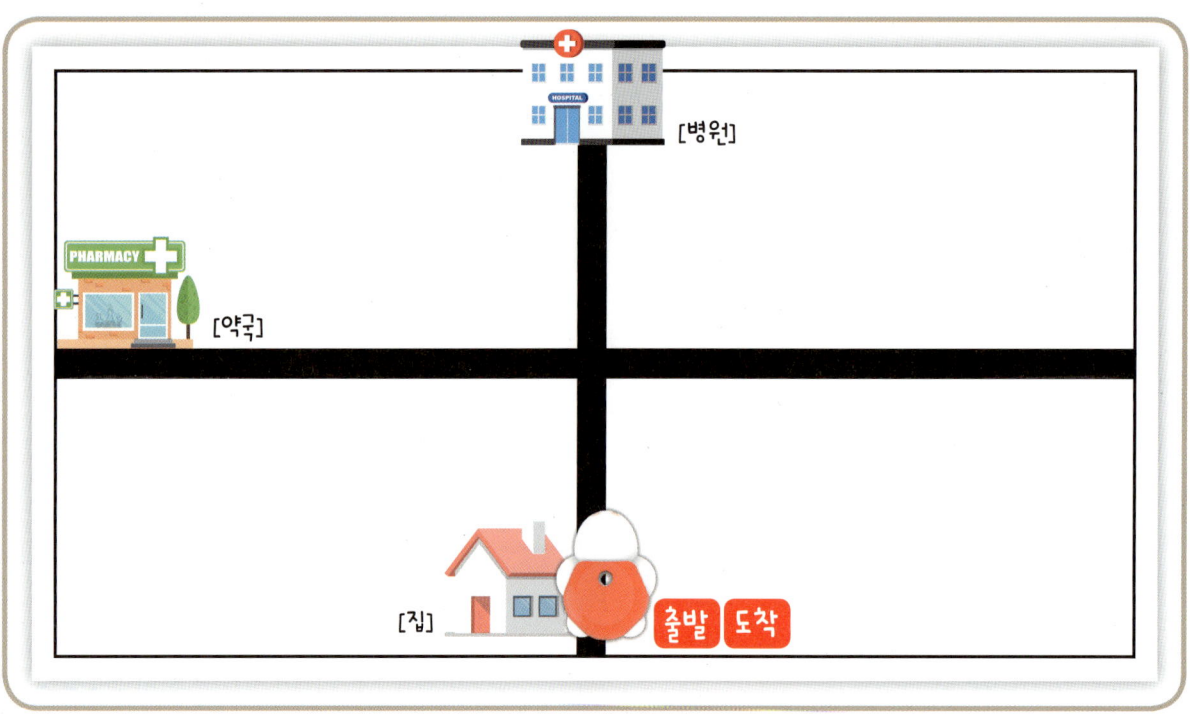

| 앞으로 | 교차로에서 왼쪽 | 교차로에서 오른쪽 | 돌아가기 | 정지 |

1 터틀 로봇이 병원에 갔다가 약국에서 약을 사서 집으로 돌아와요.
터틀 로봇이 먼저 병원에 가야 해요.
① 교차로에서 어떤 색깔을 사용하면 좋을까요?
② 빈 칸을 초록색 펜으로 색칠하세요.

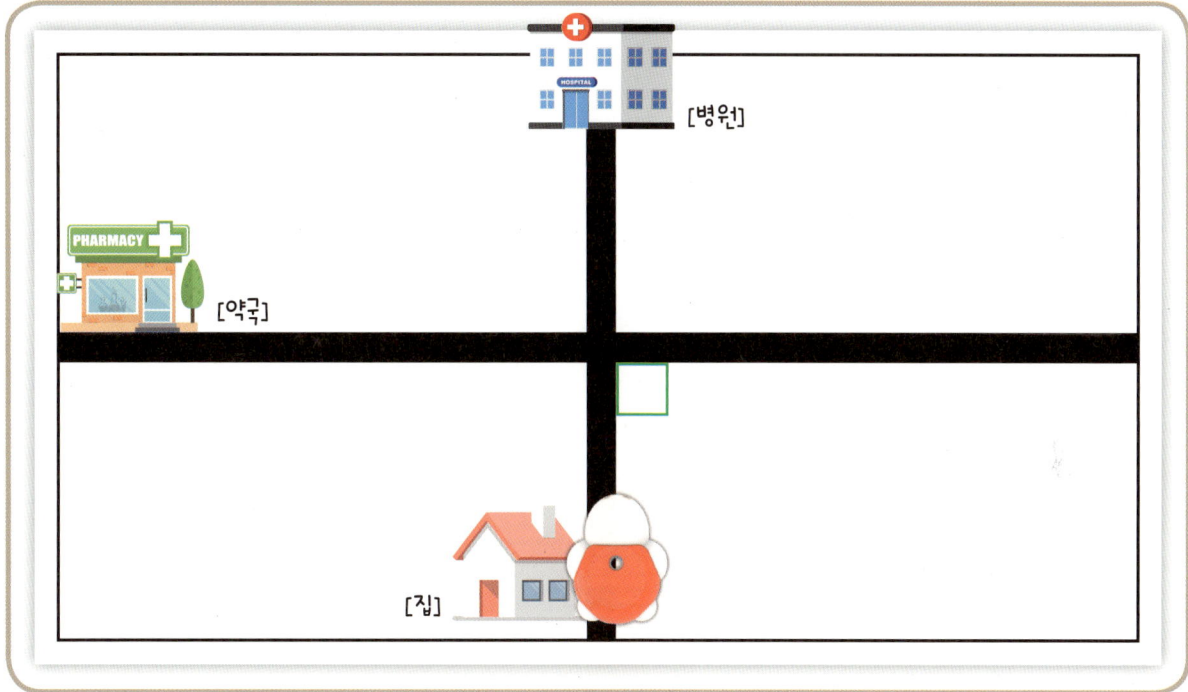

2 터틀 로봇이 병원에서 치료를 받은 뒤에는 유턴해서 약국으로 가야 해요.
③ 어떤 색깔을 사용하면 좋을까요? 빈 칸을 자주색 펜으로 색칠하세요.

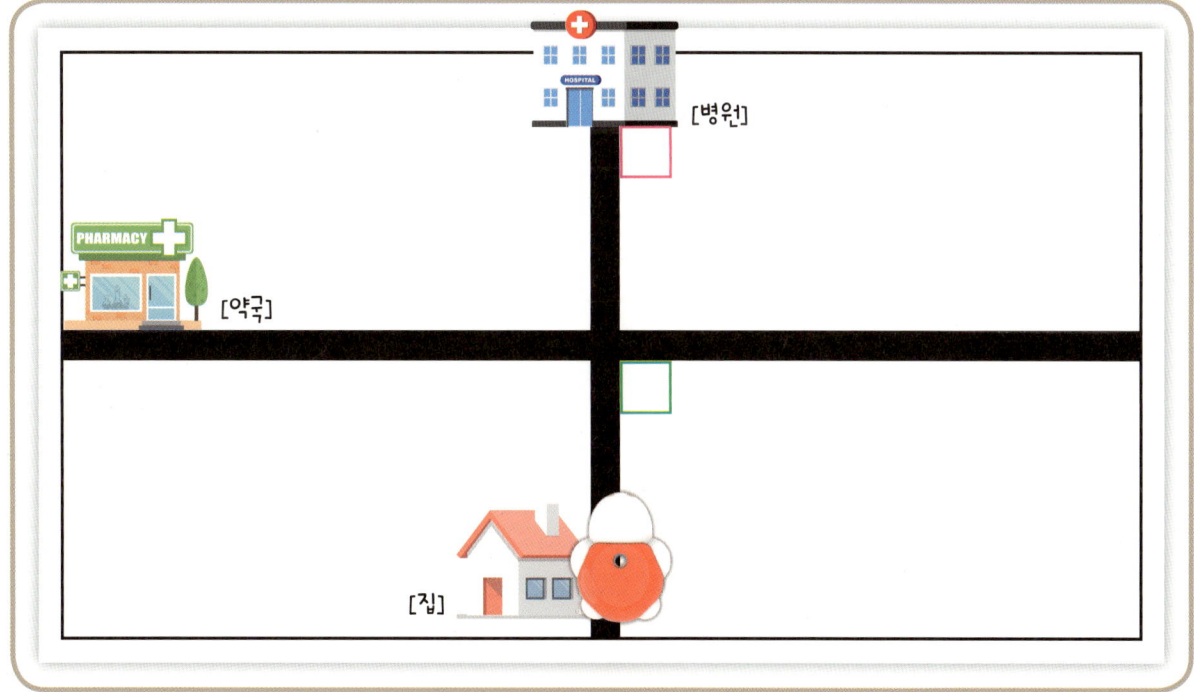

3 병원에서 유턴해서 약국으로 가는 길에 다시 교차로를 만났어요. 약국으로 가려면 오른쪽으로 가야 해요.
④ 어떤 색깔을 사용하면 좋을까요? 빈 칸을 파란색 펜으로 색칠하세요.

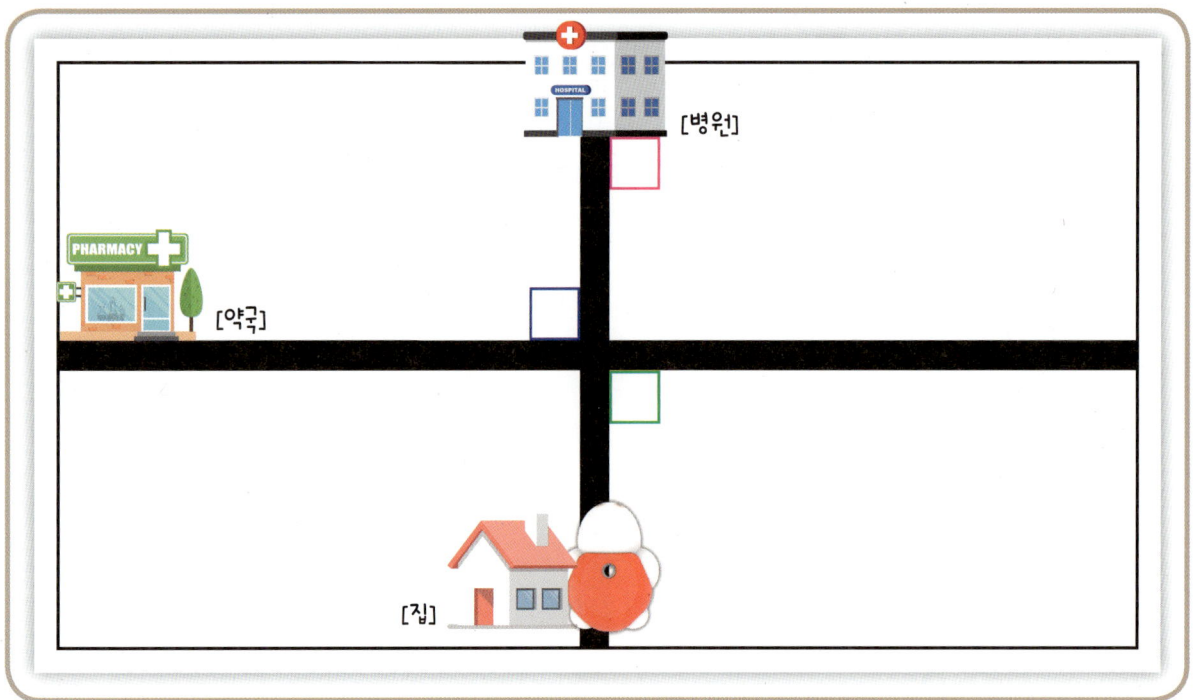

4 약국에서 약을 산 뒤에는 유턴해서 집으로 돌아와야 해요.
⑤ 어떤 색깔을 사용하면 좋을까요? 빈 칸을 자주색 펜으로 색칠하세요.

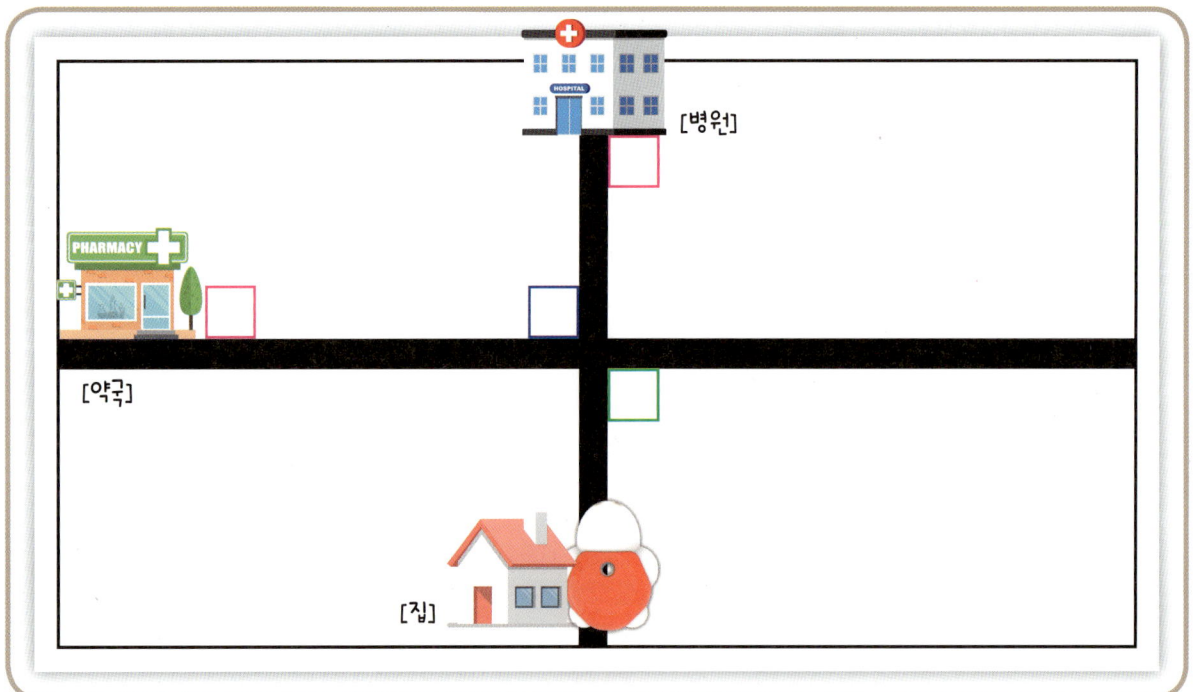

5 집으로 가는 길에 다시 교차로를 만났어요. 집으로 가려면 오른쪽으로 가야 해요.
⑥ 어떤 색깔을 사용하면 좋을까요? 빈 칸을 파란색 펜으로 색칠하세요.

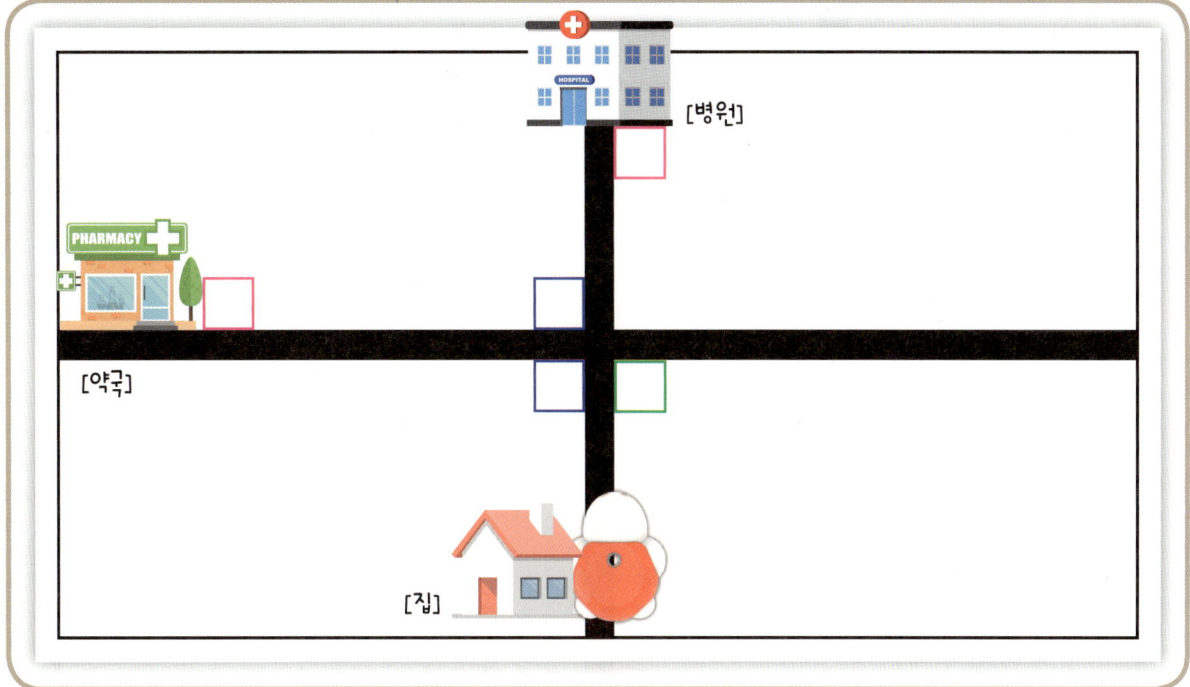

6 집에 도착한 뒤에는 멈추게 하고 싶어요.
⑦ 어떤 색깔을 사용하면 좋을까요? 빈 칸을 빨간색 펜으로 색칠하세요.

활동 09 돌아가기 (왼쪽 방향으로 돌아가기)

준비물 : 터틀 로봇, 부록의 '활동 16 Ⓐ, Ⓑ 활동지(돌아가기_왼쪽 방향으로 돌아가기)', 색깔 사인펜

● 이 활동을 통해 터틀 로봇이 교차로를 지나 왼쪽 방향으로 이동한 후 목적지에서 유턴하여 출발지점으로 돌아오는 방법을 익힐 수 있어요.

같이 해보아요!

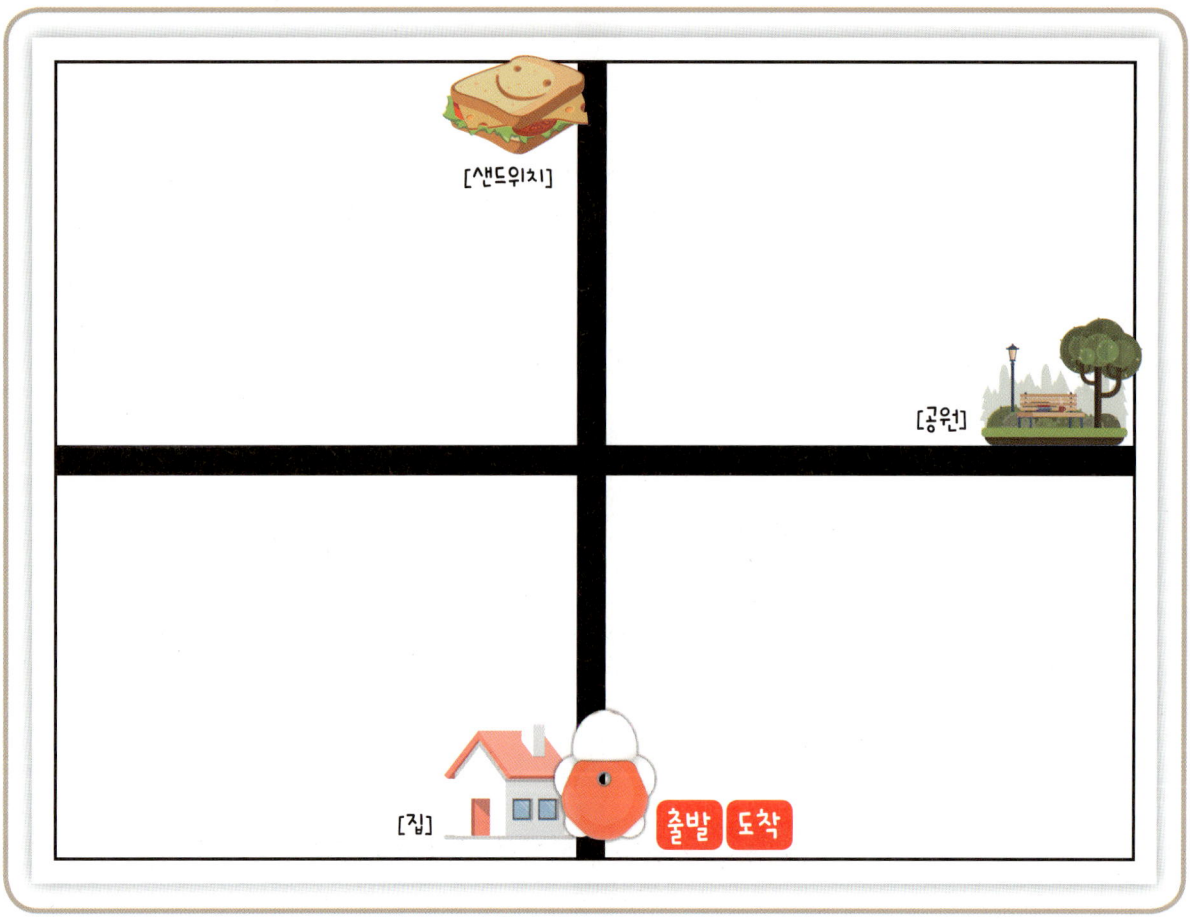

 앞으로

 교차로에서 왼쪽

 교차로에서 오른쪽

 돌아가기

 정지

1 터틀 로봇을 활동지 교차로 위에 올려놓아요. 터틀 로봇이 샌드위치를 사서 공원에 가서 먹고 집으로 와야 해요.

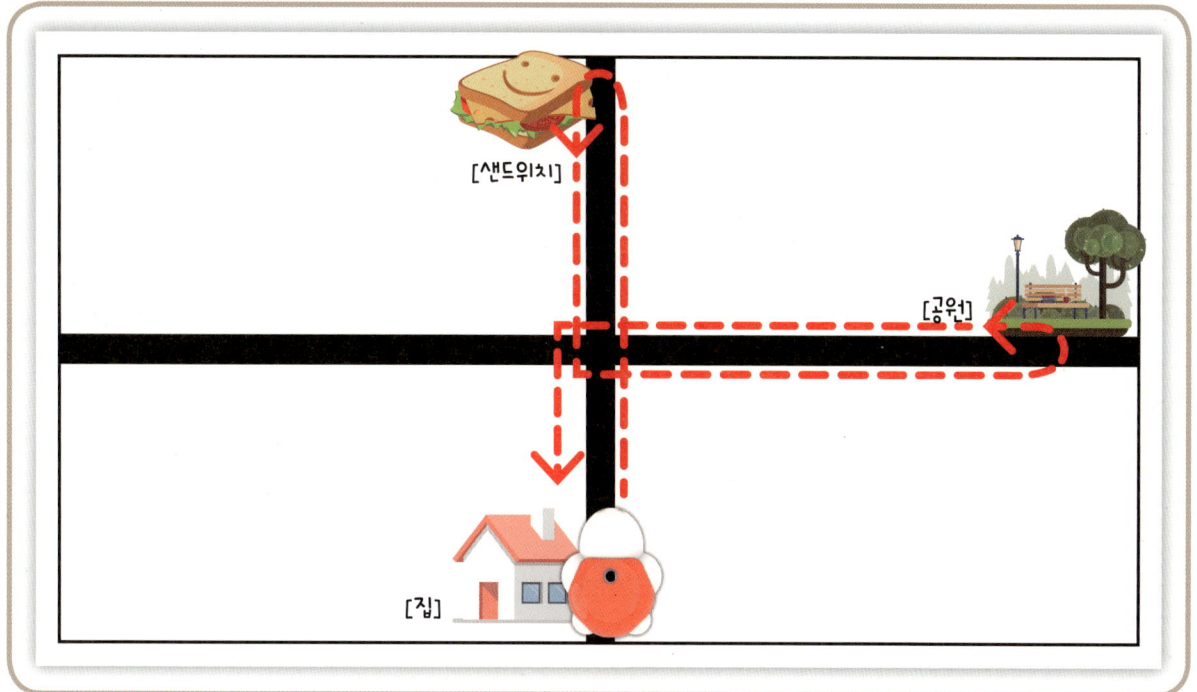

2 첫 번째 목표점인 샌드위치를 사러 가야 해요. 교차로에 '앞으로' 명령 색깔인 초록색 ▇ 을 칠하세요.

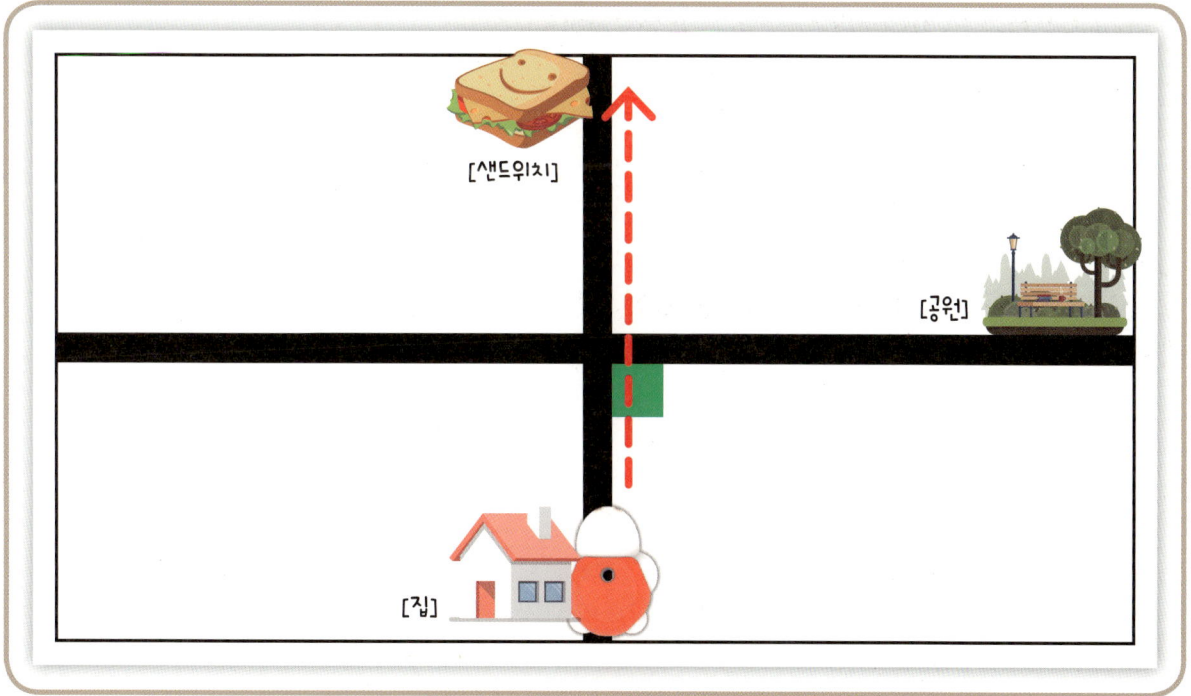

PART 01 :: 라인 코딩 • **065**

3 터틀 로봇이 샌드위치를 사서 유턴해서 돌아올 수 있도록 '유턴' 명령 색깔인 자주색 ■을 칠하세요.

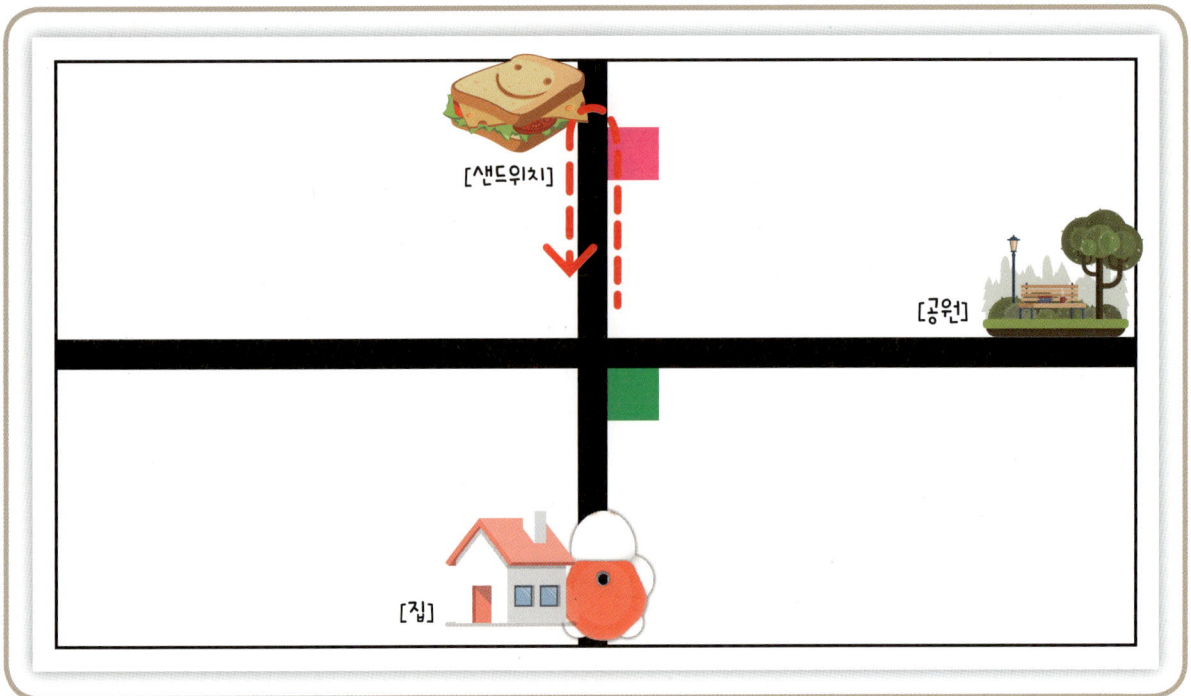

4 이제 공원으로 가야 해요. 돌아오는 길에 다시 만나는 교차로에 '교차로에서 왼쪽' 명령 색깔인 노란색 ■을 칠하세요.

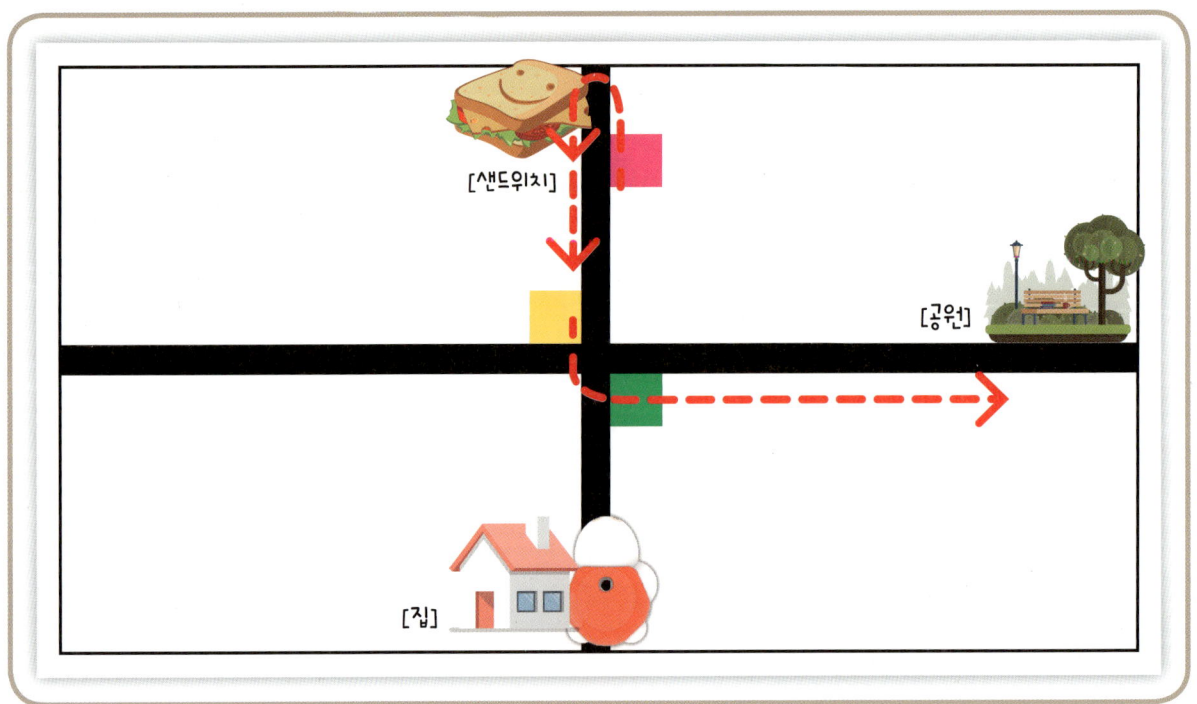

5 터틀 로봇이 공원에 도착한 후 유턴해서 돌아올 수 있도록 '유턴' 명령 색깔인 자주색 ■을 칠하세요.

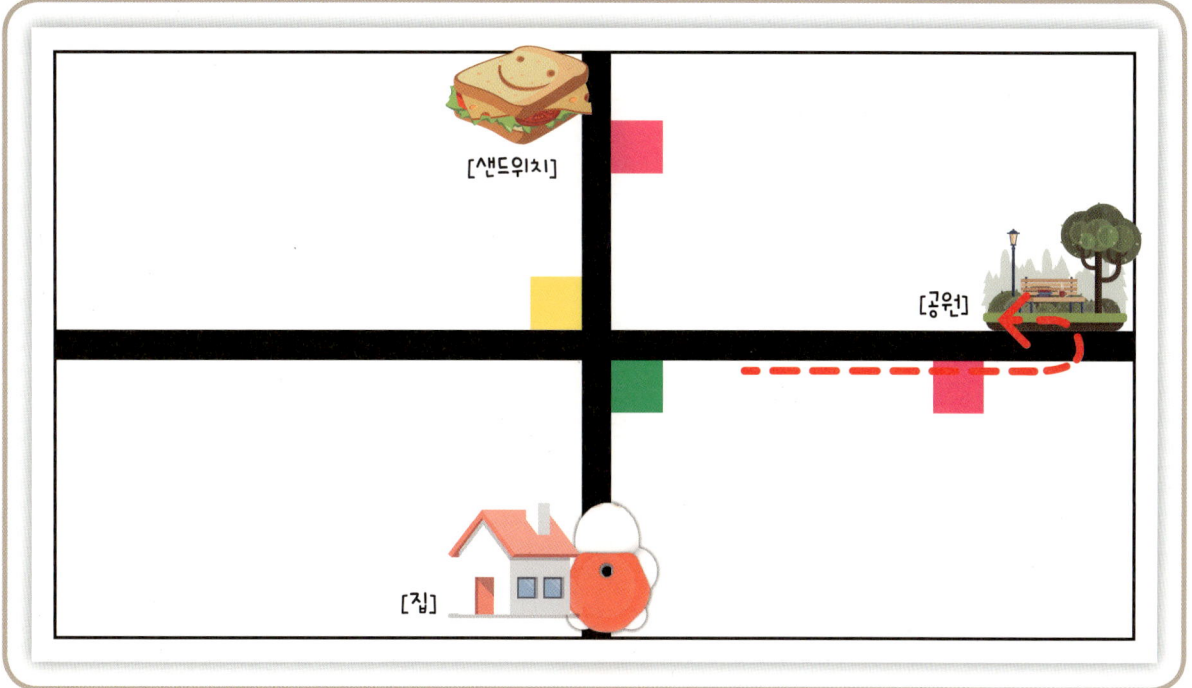

6 이제 공원에서 집으로 돌아가야 해요. 돌아오는 길에 다시 만나는 교차로에 '교차로에서 왼쪽' 명령 색깔인 노란색 ■을 칠하세요.

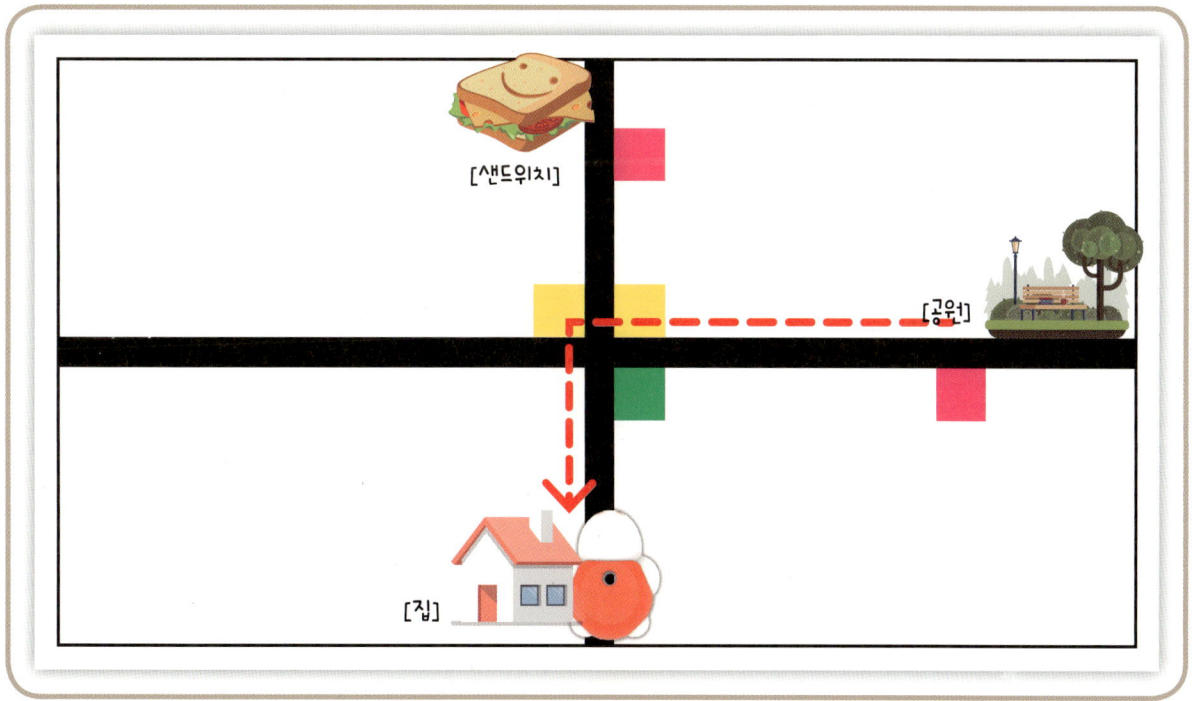

7 터틀 로봇이 집에 도착한 후 더 이상 움직이지 않고 멈추게 하려면 '정지' 명령 색깔인 빨간색 ■을 칠하세요. 이렇게 검은색 선 위에 색깔 명령을 표시한 후 터틀 로봇을 작동시켜 보세요.

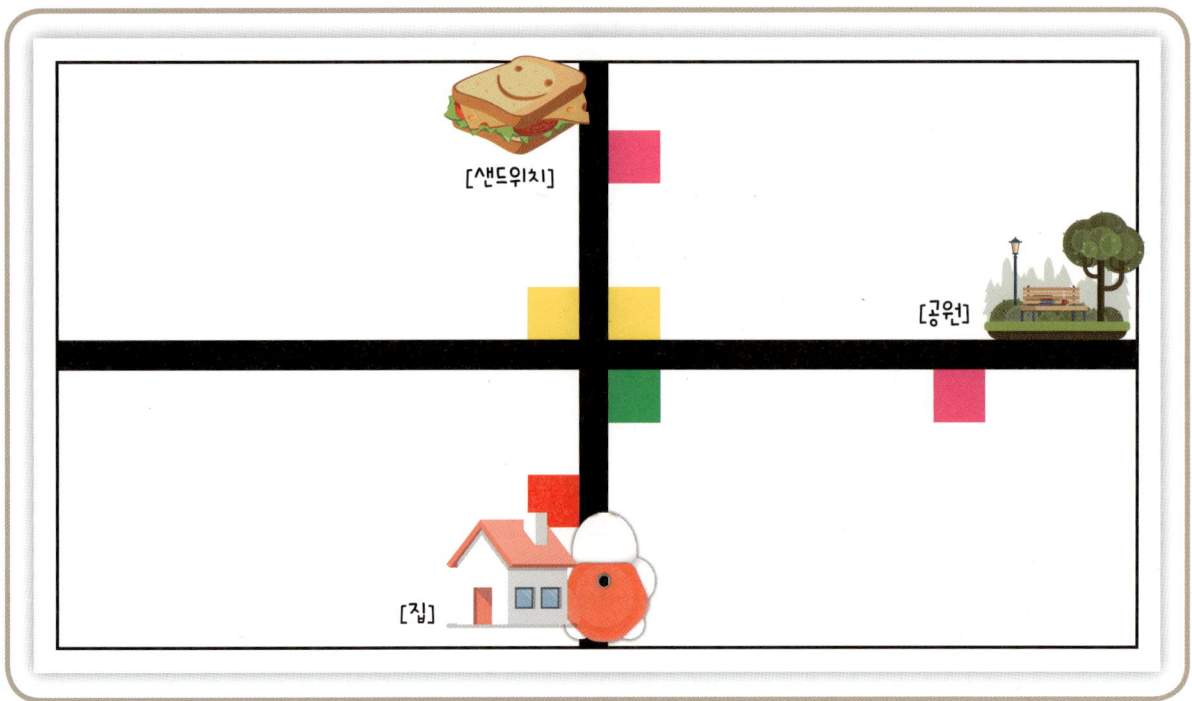

도전!!!

색깔을 활용하여 선 따라 이동하기

부록의 '활동 17 Ⓐ, Ⓑ 활동지(돌아가기_왼쪽 방향으로 돌아가기_도전)'에 색깔 사인펜을 사용해서 직접 터틀 로봇에게 명령을 내려보세요.

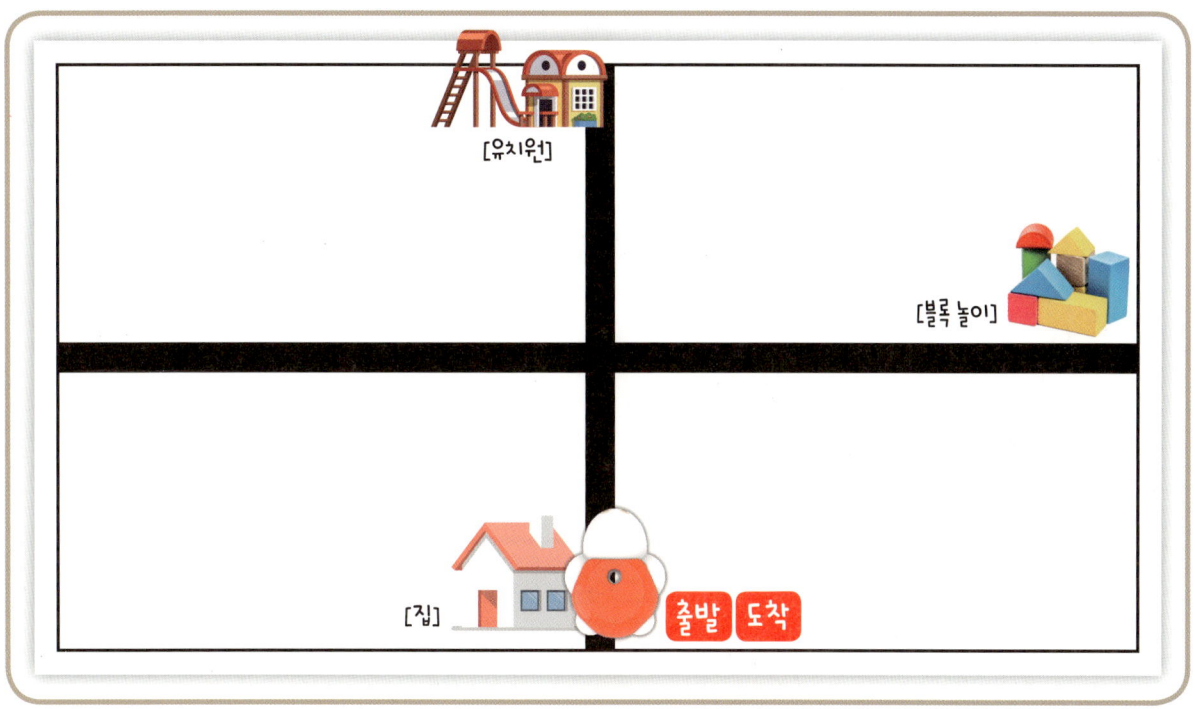

앞으로　　교차로에서 왼쪽　　교차로에서 오른쪽　　돌아가기　　정지

1 터틀 로봇이 유치원에 갔다가 블록 놀이를 하고 집으로 돌아와요. 터틀 로봇이 유치원으로 먼저 가야 해요.
① 교차로에서 어떤 색깔을 사용하면 좋을까요?
② 빈 칸을 초록색 펜으로 색칠하세요.

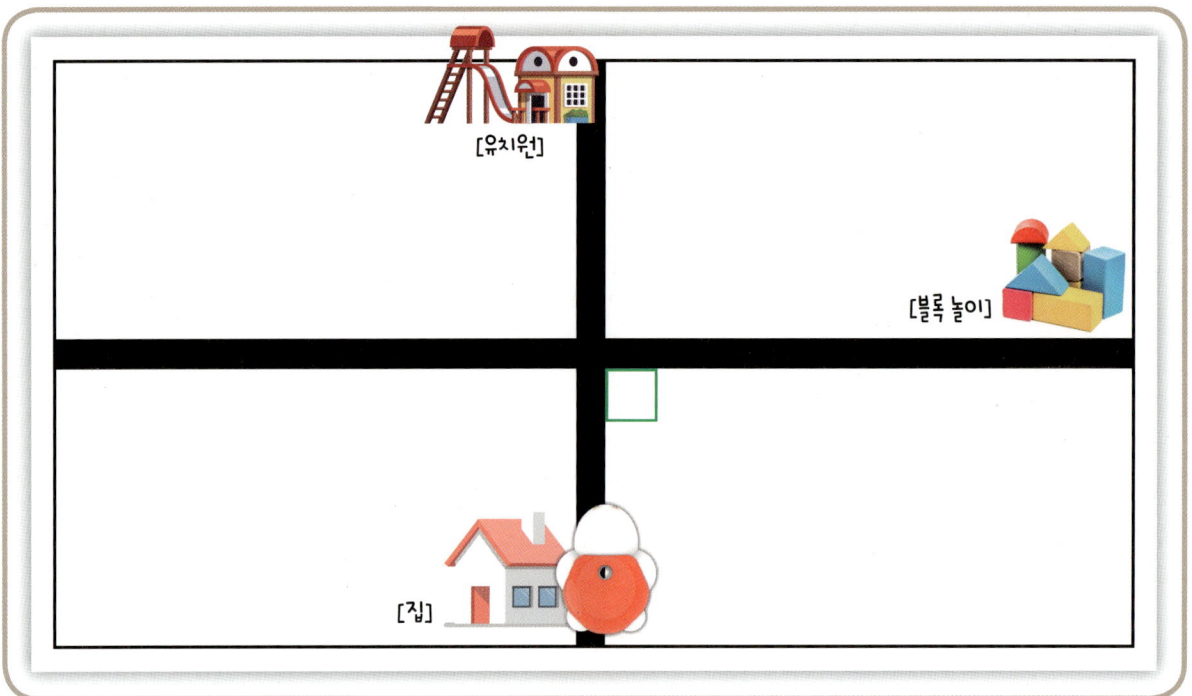

2 터틀 로봇이 유치원이 끝난 뒤에는 유턴해서 블록방으로 가야 해요.
③ 어떤 색깔을 사용하면 좋을까요? 빈 칸을 자주색 펜으로 색칠하세요.

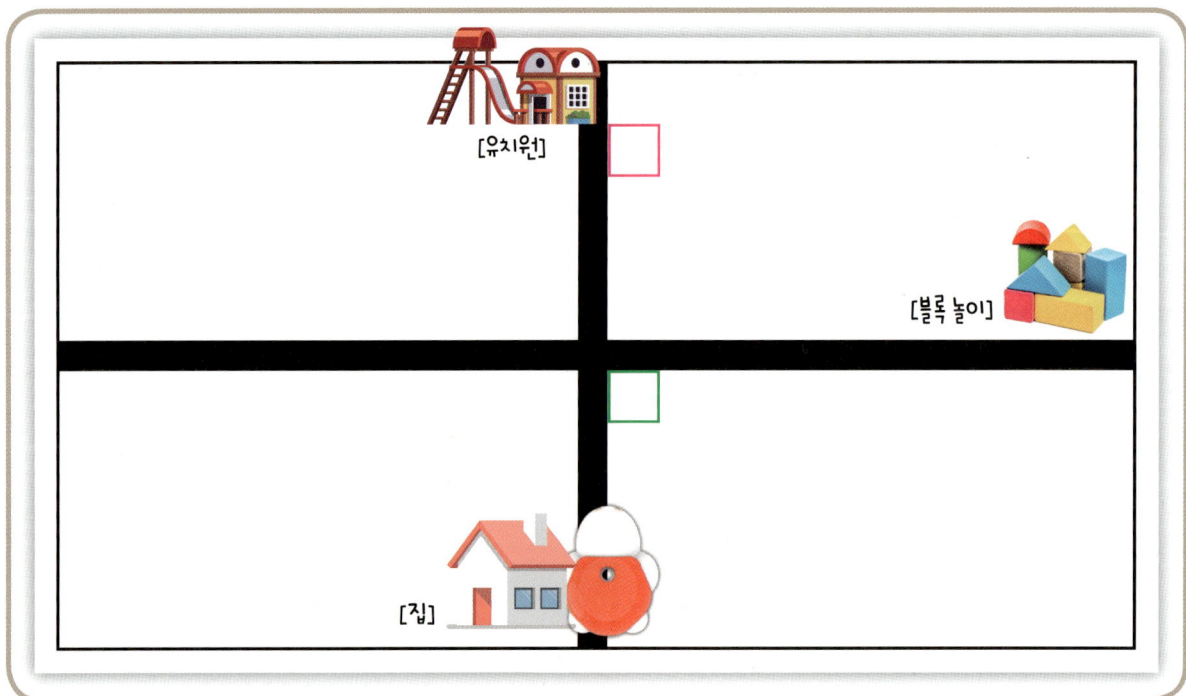

3 유치원에서 유턴해서 블록방으로 가는 길에 다시 교차로를 만났어요. 블록방으로 가려면 왼쪽으로 가야 해요.

④ 어떤 색깔을 사용하면 좋을까요? 빈 칸을 노란색 펜으로 색칠하세요.

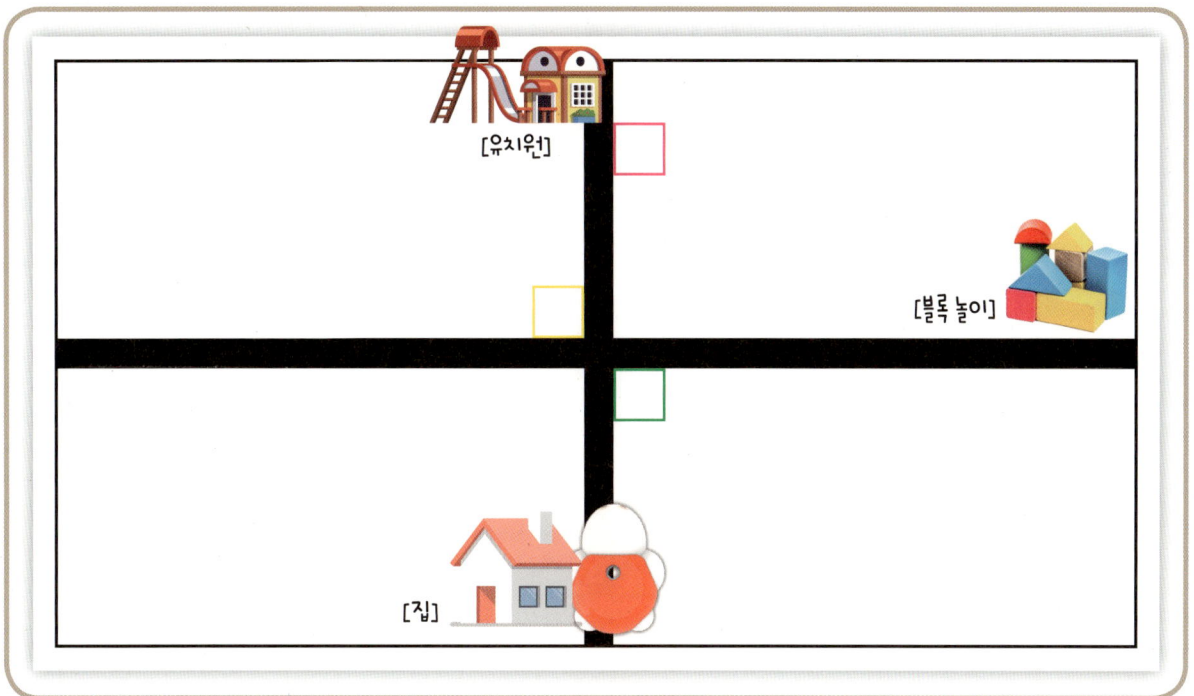

4 블록방에서 블록 놀이 후에는 유턴해서 집으로 돌아와야 해요.

⑤ 어떤 색깔을 사용하면 좋을까요? 빈 칸을 자주색 펜으로 색칠하세요.

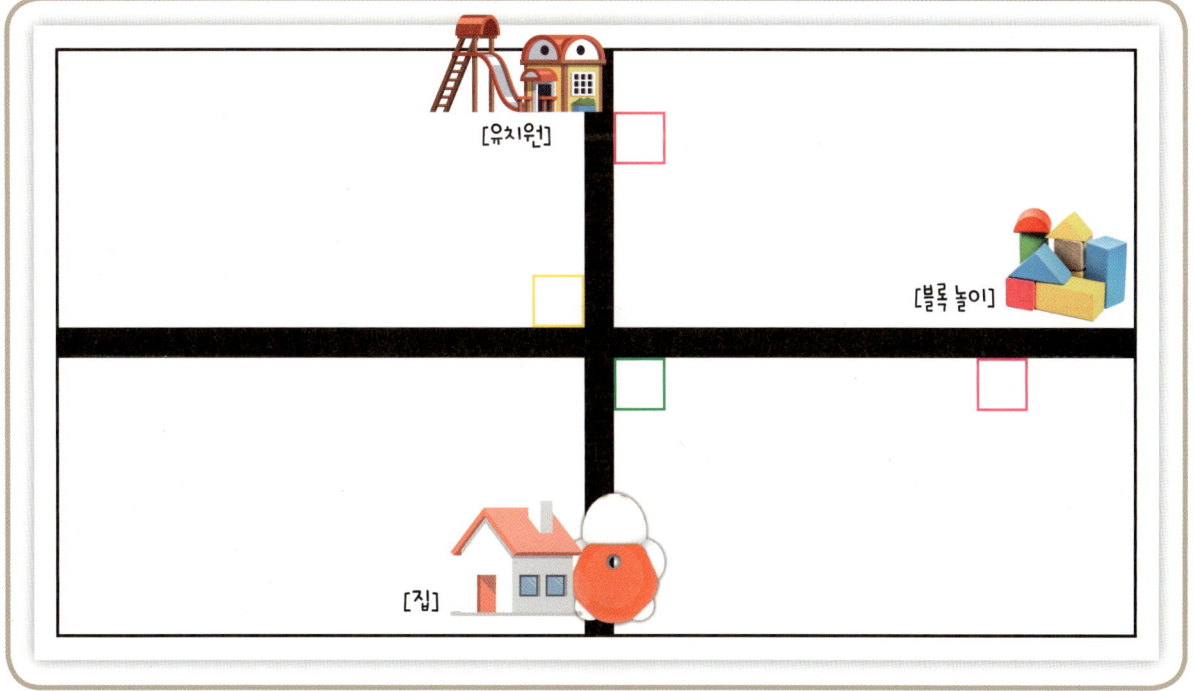

5 집으로 가는 길에 다시 교차로를 만났어요. 집으로 가려면 왼쪽으로 가야 해요.
⑥ 어떤 색깔을 사용하면 좋을까요? 빈 칸을 노란색 펜으로 색칠하세요.

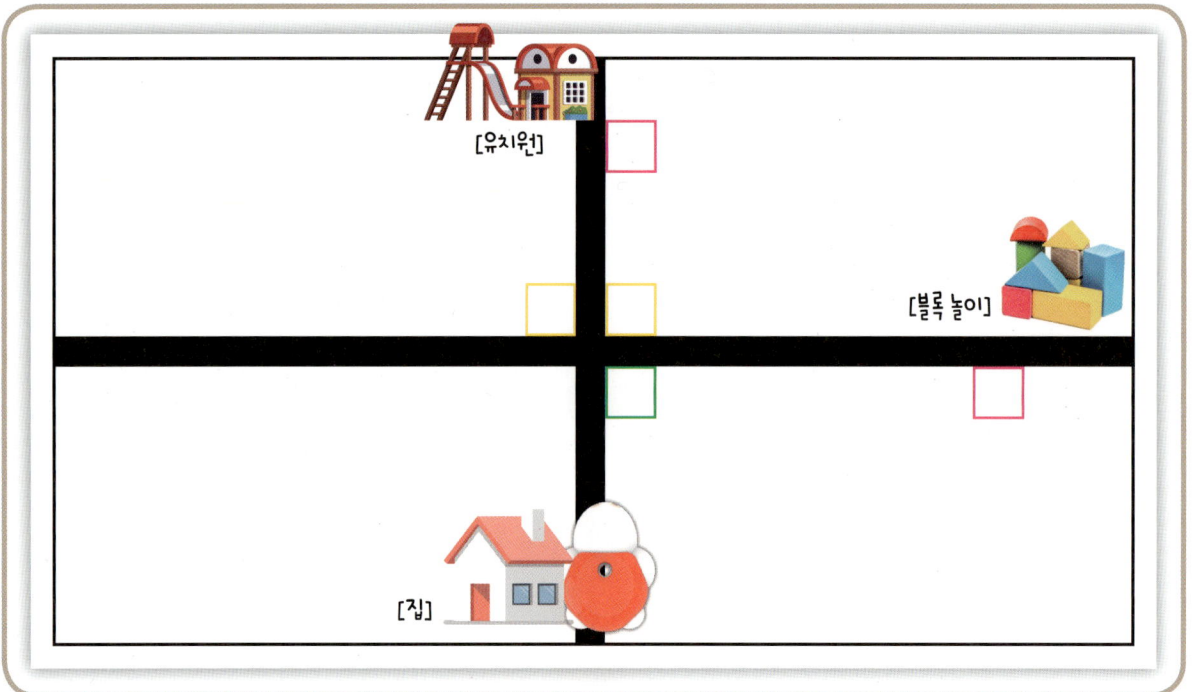

6 집에 도착한 뒤에는 멈추게 하고 싶어요.
⑦ 어떤 색깔을 사용하면 좋을까요? 빈 칸을 빨간색 펜으로 색칠하세요.

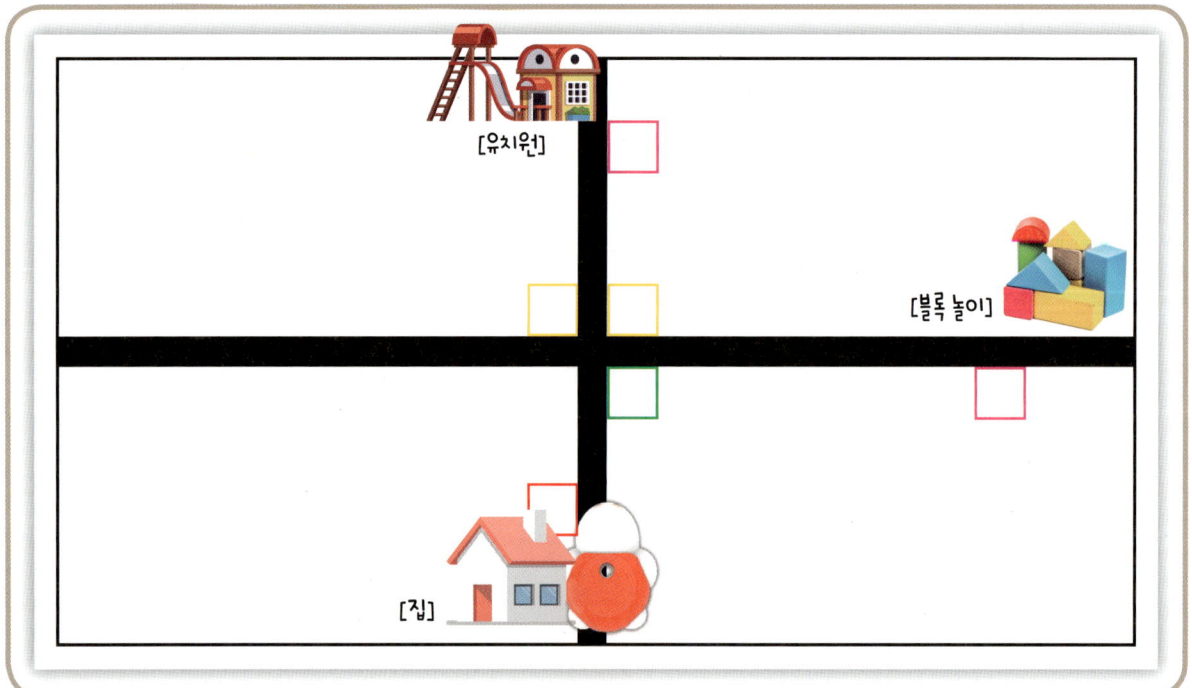

정답 페이지

활동 04 정답

앞으로 가기 정답

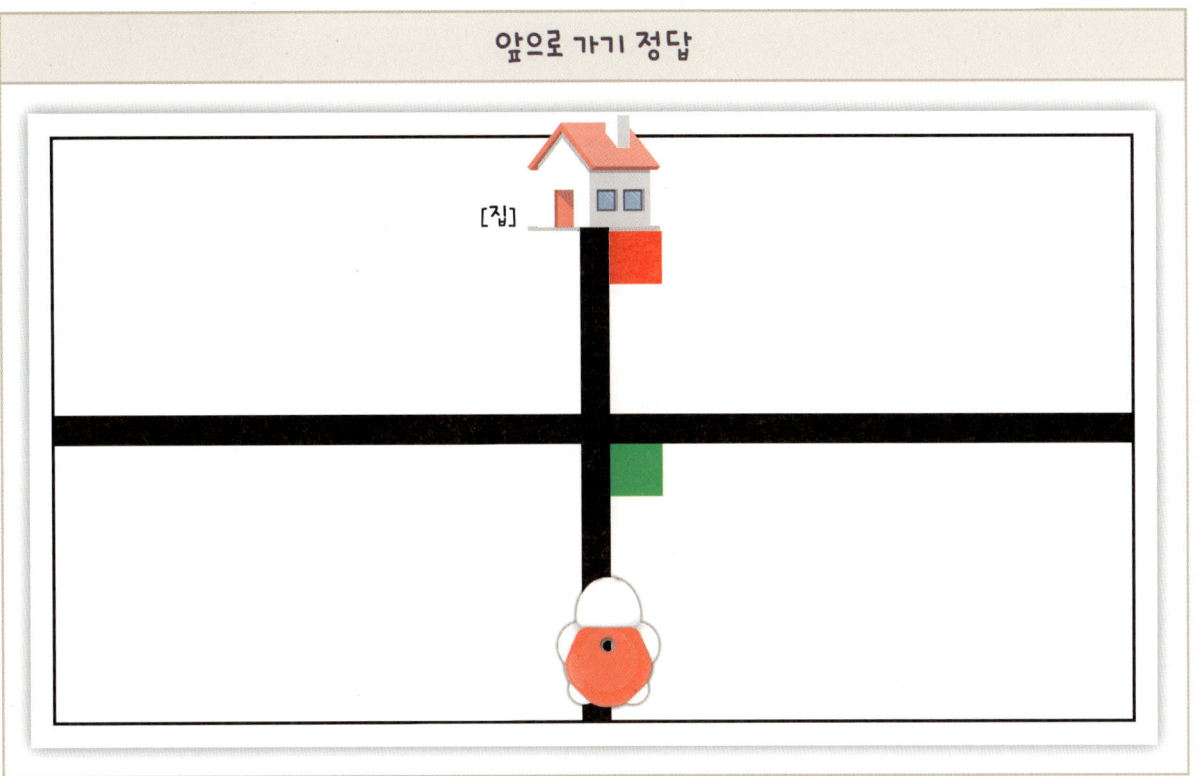

활동 05 정답

오른쪽으로 가기 정답

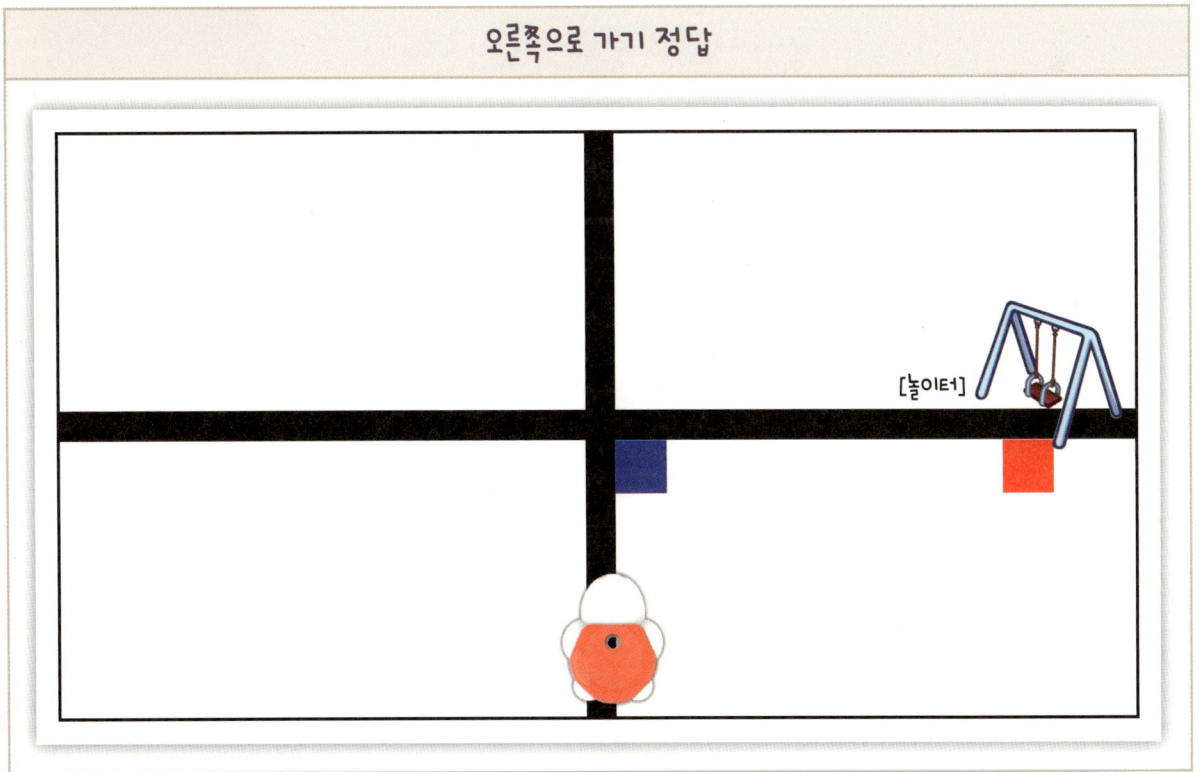

정답 페이지

활동 06 정답

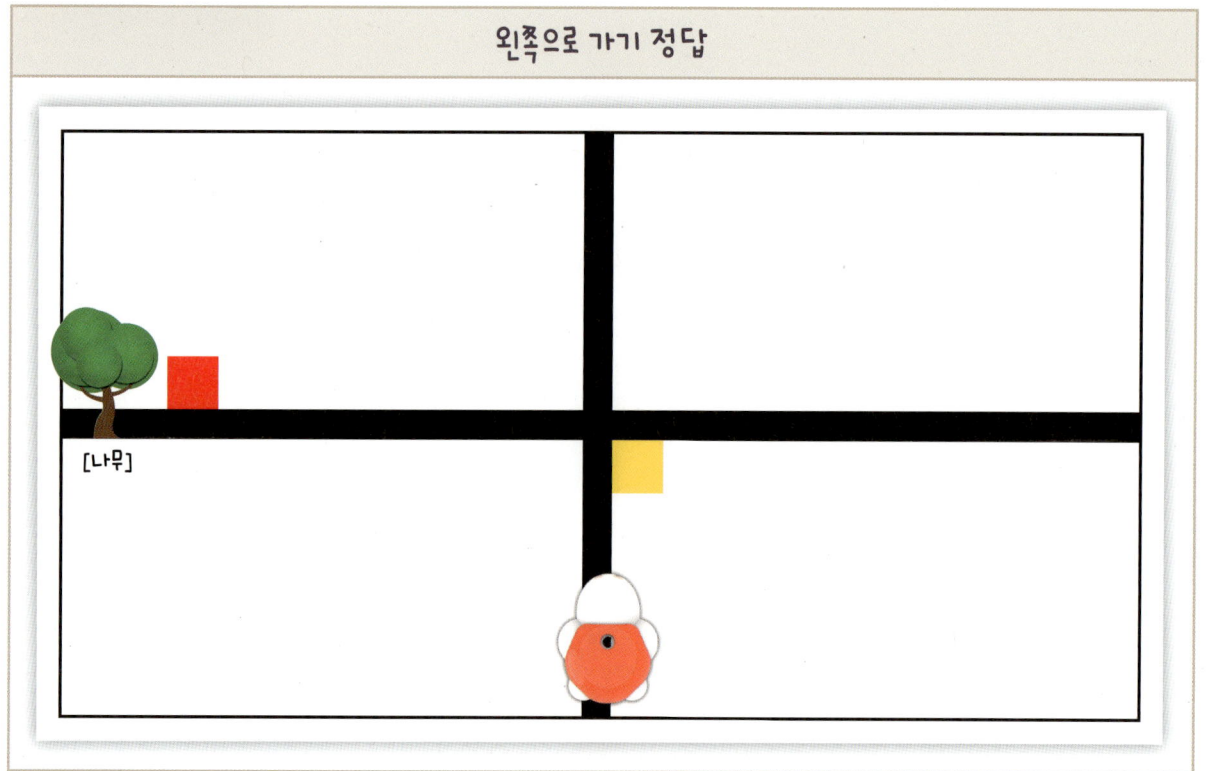

활동 07 정답

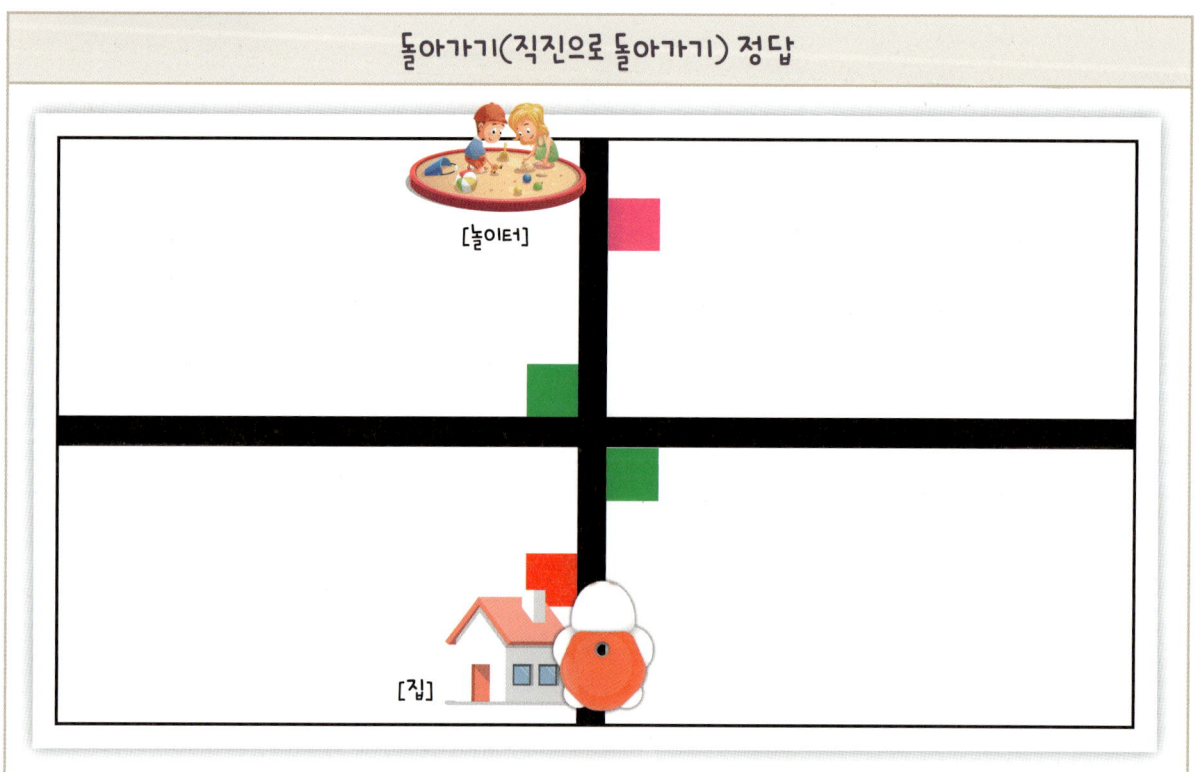

활동 08 정답

돌아가기(오른쪽 방향으로 돌아가기) 정답

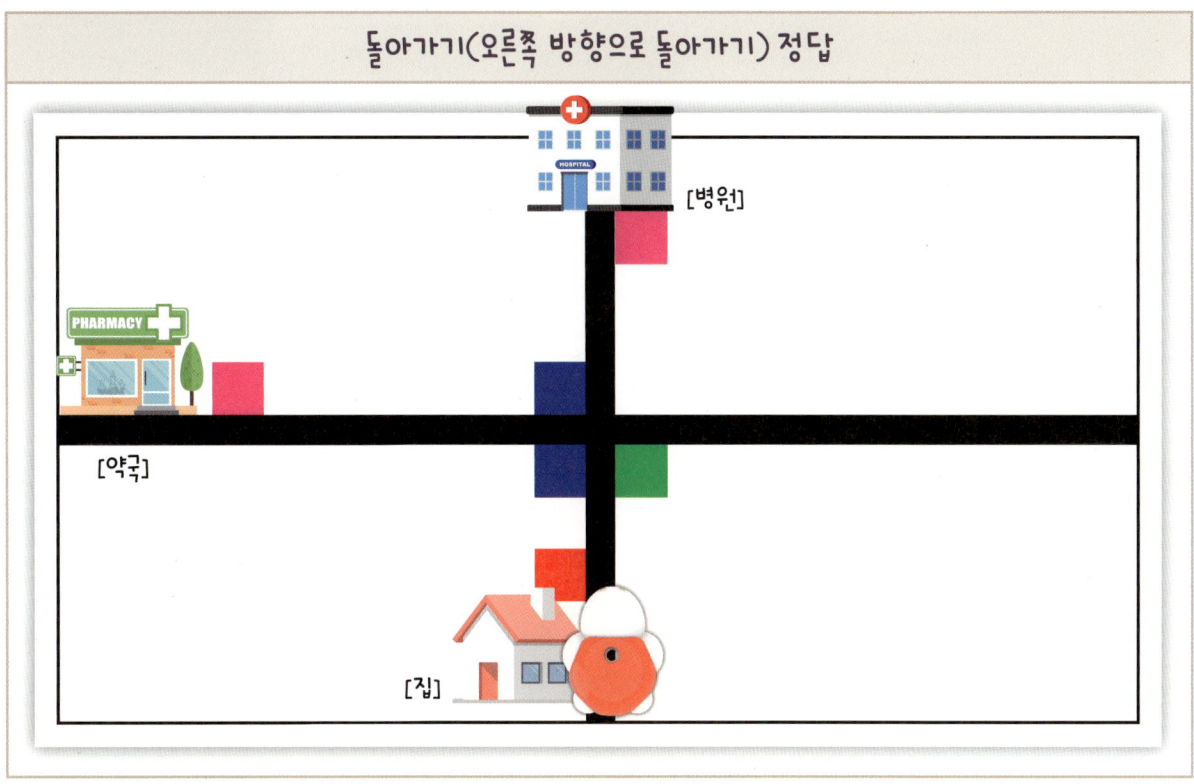

활동 09 정답

돌아가기(왼쪽 방향으로 돌아가기) 정답

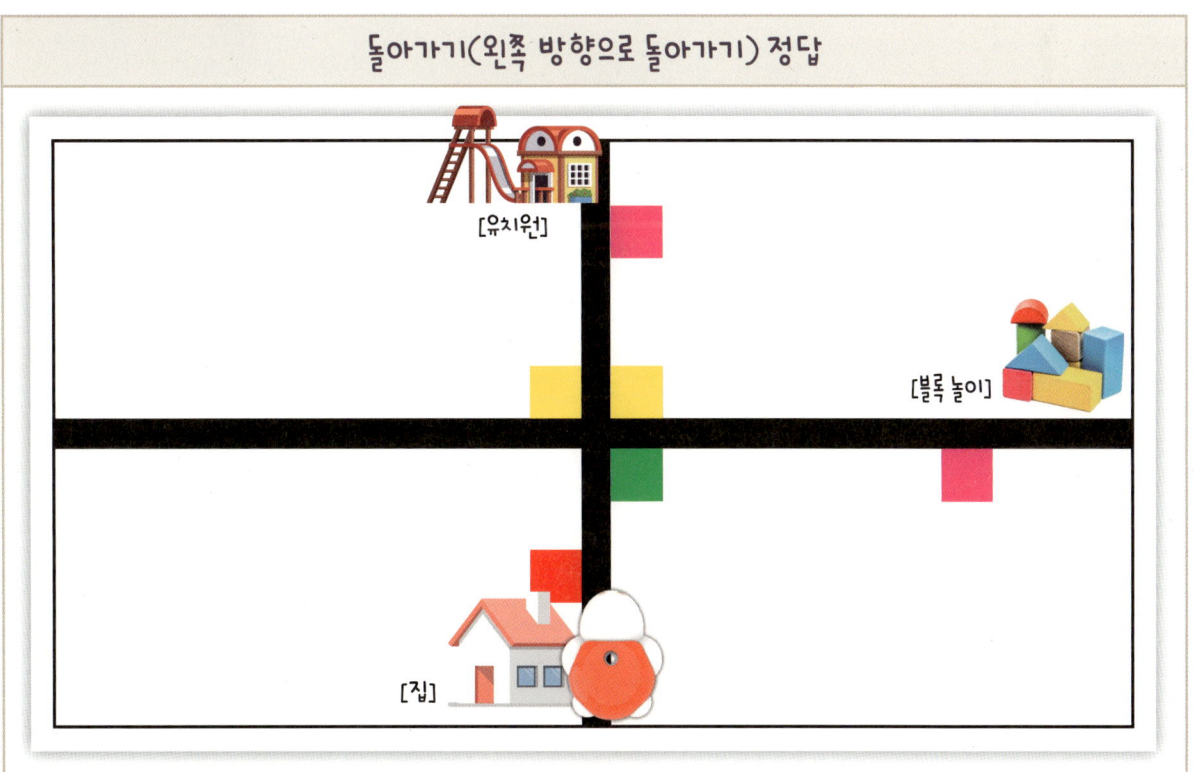

PART 02

라인 코딩 응용 활동

미션 도전! 01 집으로 가는 길
미션 도전! 02 동물원에는 어떤 동물이?
미션 도전! 03 신나는 놀이 공원
미션 도전! 04 마트에서 미션 수행
미션 도전! 05 두더지 집은 어디?
Special page 도형 그리기 모드

라인 코딩 응용 활동

※ 라인 코딩 모드로 진입하는 방법은 18P를 참고하세요.

 **01 집으로 가는길**

터틀 로봇이 집으로 가는 길에 문구점에 들려서 놀이 카드를 사고, 슈퍼에 가서 아이스크림을 사려고 해요. 어떤 색을 활용해서 움직여야 할까요? 부록의 활동지에 색깔 사인펜을 이용해서 직접 터틀 로봇에게 명령을 내려 보세요.

놀이목표 | 목표 지점에 도달하는 과정을 통해 절차적 사고력을 기른다.
난 이 도 | ★☆☆
준 비 물 | 터틀 로봇, 부록의 '활동 18 활동지(집으로 가는 길)', 색깔 사인펜

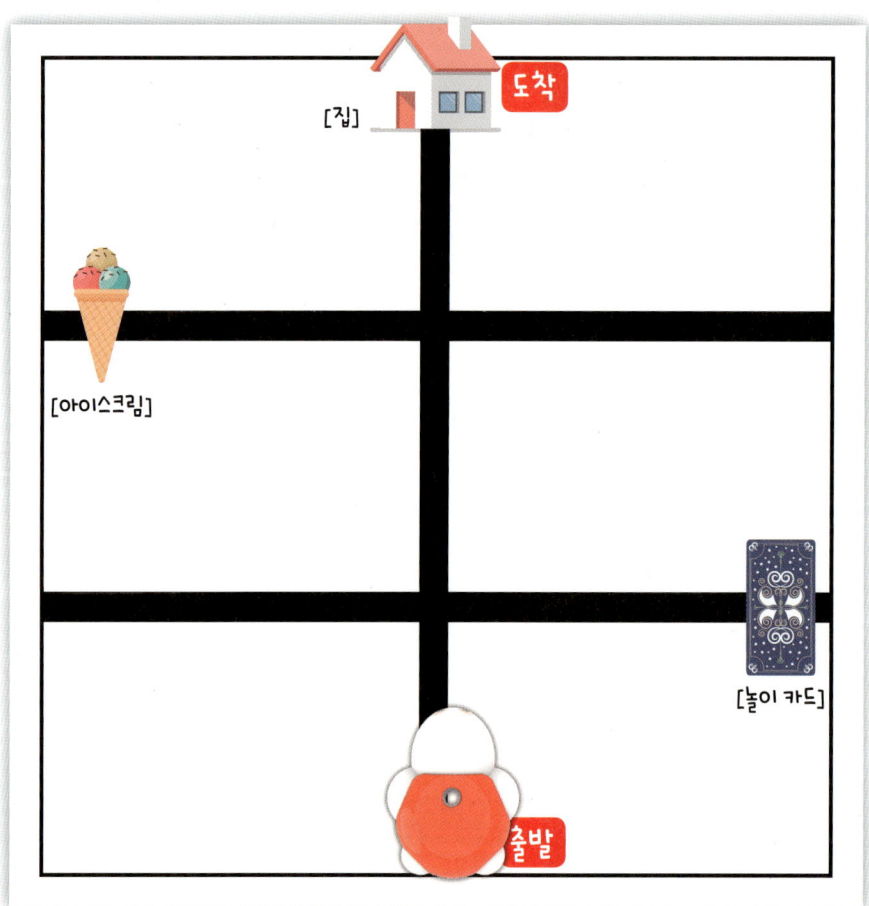

078 · 터틀 로봇 놀이 : 라인 코딩편

활동 tip!

① 첫 번째 교차로 구간에서는 오른쪽으로 가야해요. 1번 자리에 어떤 색을 사용해야 할까요?

② 두 번째 교차로 구간에서 아이스크림을 사러 가려면 2번 자리에 어떤 색을 사용해야 할까요?

③ 아이스크림을 사서 집으로 가려면 3번 자리에 어떤 색을 사용해야 할까요?

④ 부록 활동지에 색깔 사인펜으로 교차로에 표시한 후 라인 코딩을 해보세요.

앞으로   교차로에서 왼쪽   교차로에서 오른쪽   돌아가기   정지

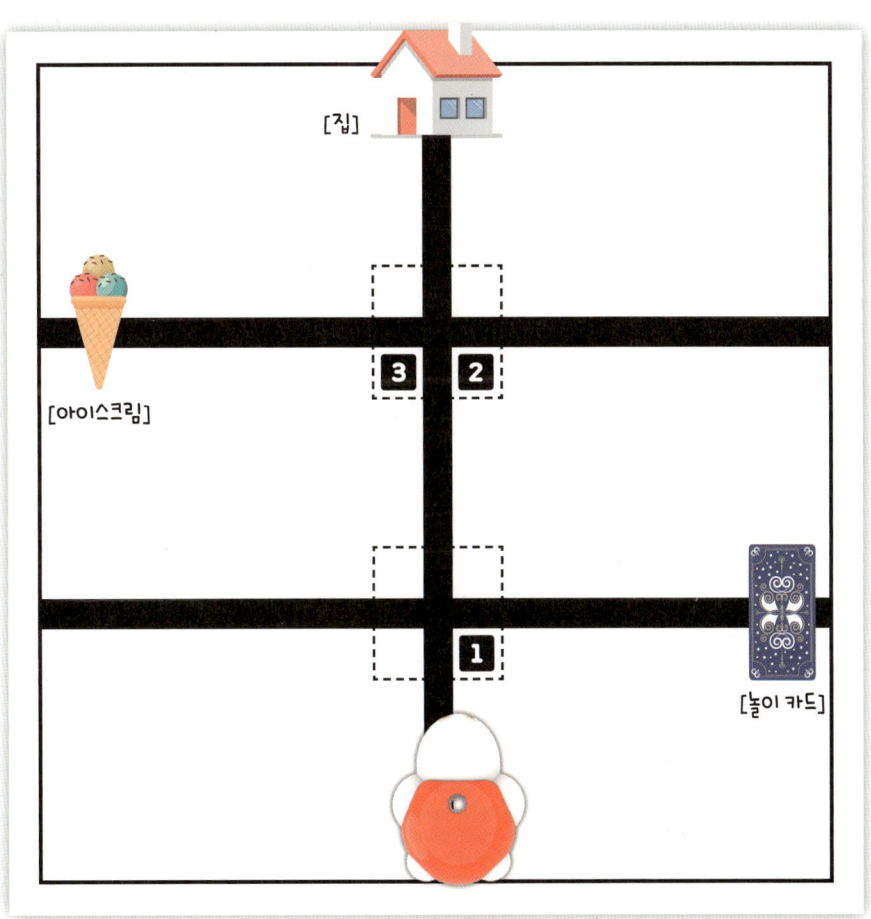

PART 02 :: 라인 코딩 응용 활동 • **079**

02 동물원에는 어떤 동물이?

터틀 로봇이 동물원에 왔어요. 동물원 입구로 들어가서 호랑이, 코끼리, 악어를 순서대로 보고 동물원 출구로 나가요. 부록의 활동지에 색깔 사인펜을 이용해서 직접 터틀 로봇에게 명령을 내려 보세요.

놀이목표 | 주어진 조건에 따라 문제를 해결한다.
난 이 도 | ★★★
준 비 물 | 터틀 로봇, 부록의 '활동 19 활동지(동물원에는 어떤 동물이?)', 색깔 사인펜

활동 tip!

❶ 첫 번째 교차로에서 호랑이를 보러 가려면 ①번 자리에 어떤 색을 사용해야 할까요?

❷ 두 번째 교차로에서 코끼리를 보러 가려면 ②번 자리에 어떤 색을 사용해야 할까요?

❸ 코끼리를 보고난 후 악어를 보러 가려면 ③번 자리에 어떤 색을 사용해야 할까요?

❹ 악어를 보고 출구로 나가기 위해서는 ④번 자리에 어떤 색을 사용해야 할까요?

❺ 부록 활동지에 색깔 사인펜으로 교차로에 표시한 후 라인 코딩을 해보세요.

앞으로 　 교차로에서 왼쪽 　 교차로에서 오른쪽 　 돌아가기 　 정지

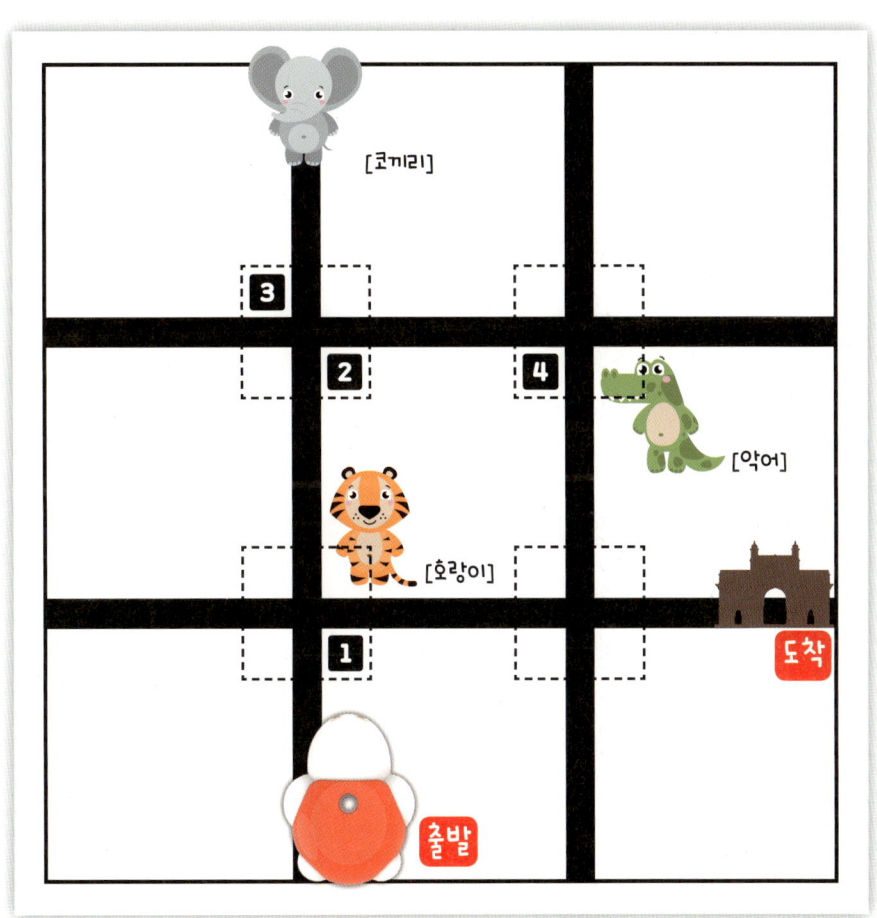

PART 02 :: 라인 코딩 응용 활동

03 신나는 놀이공원

터틀 로봇이 놀이공원에 왔어요. 놀이공원 입구로 들어가서 회전목마, 범퍼카, 바이킹을 순서대로 타고 놀이공원 출구로 나가요. 부록의 활동지에 색깔 사인펜을 이용해서 직접 터틀 로봇에게 명령을 내려 보세요.

> **놀이목표 |** 제시된 순서대로 수행함으로써 논리적 사고력을 기른다.
> **난 이 도 |** ★★☆
> **준 비 물 |** 터틀 로봇, 부록의 '활동 20 활동지(신나는 놀이공원)', 색깔 사인펜

> 활동 tip!

❶ 회전목마가 있는 곳으로 가려면 **1**번 자리에 어떤 색을 사용해야 할까요?

❷ 회전목마를 타고 난 후 범퍼카가 있는 곳으로 가기 위해서는 **2**번 자리에 어떤 색을 사용해야 할까요?

❸ 범퍼카를 탄 후 돌아나와 바이킹이 있는 곳으로 가려면 **3**번 자리에 어떤 색을 사용해야 할까요?

❹ 바이킹을 타러가기 위해서는 **4**번 자리에 어떤 색을 사용해야 할까요?

❺ 부록 활동지에 색깔 사인펜으로 교차로에 표시한 후 라인 코딩을 해보세요.

앞으로   교차로에서 왼쪽   교차로에서 오른쪽   돌아가기   정지

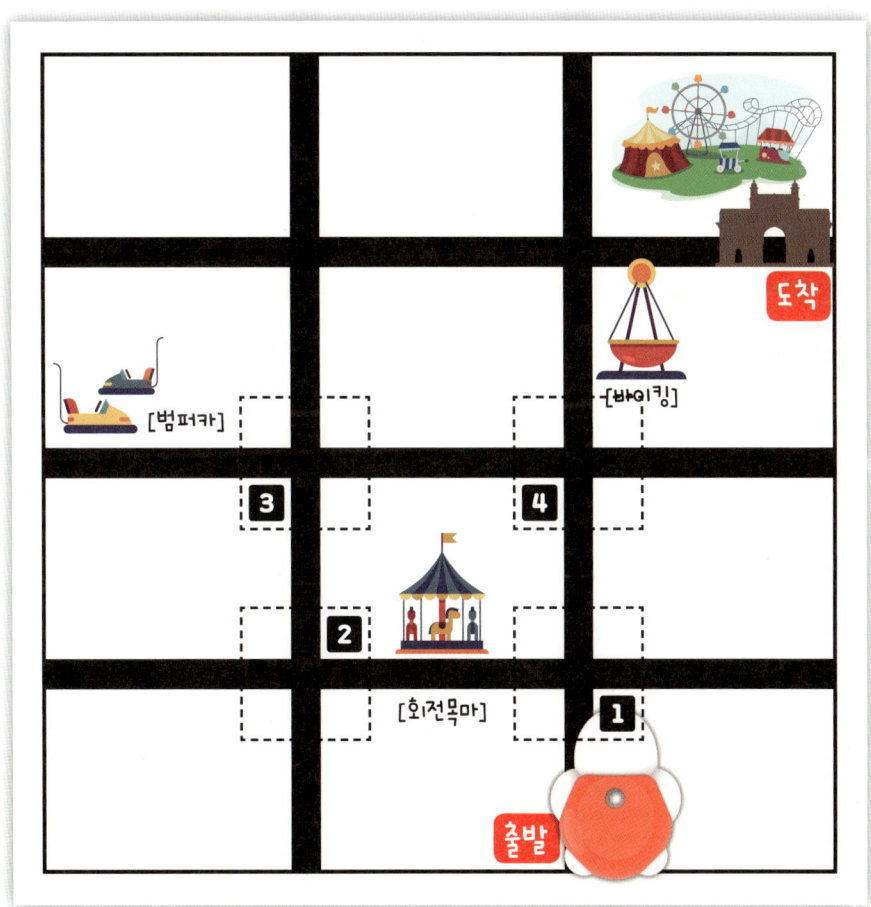

04 마트에서 미션 수행

터틀 로봇이 마트에서 쇼핑을 해요. 과일, 변신 로봇, 스티커를 사고 싶은데 순서에 상관없이 물건을 고르고, 사진관에서 사진을 찍은 후 계산대로 오세요. 부록의 활동지에 색깔 사인펜을 이용해서 직접 터틀 로봇에게 명령을 내려 보세요.

놀이목표 | 문제 해결을 위한 올바른 절차를 계획하고 수행한다.
난 이 도 | ★★★
준 비 물 | 터틀 로봇, 부록의 '활동 21 활동지(마트에서 미션 수행)', 색깔 사인펜

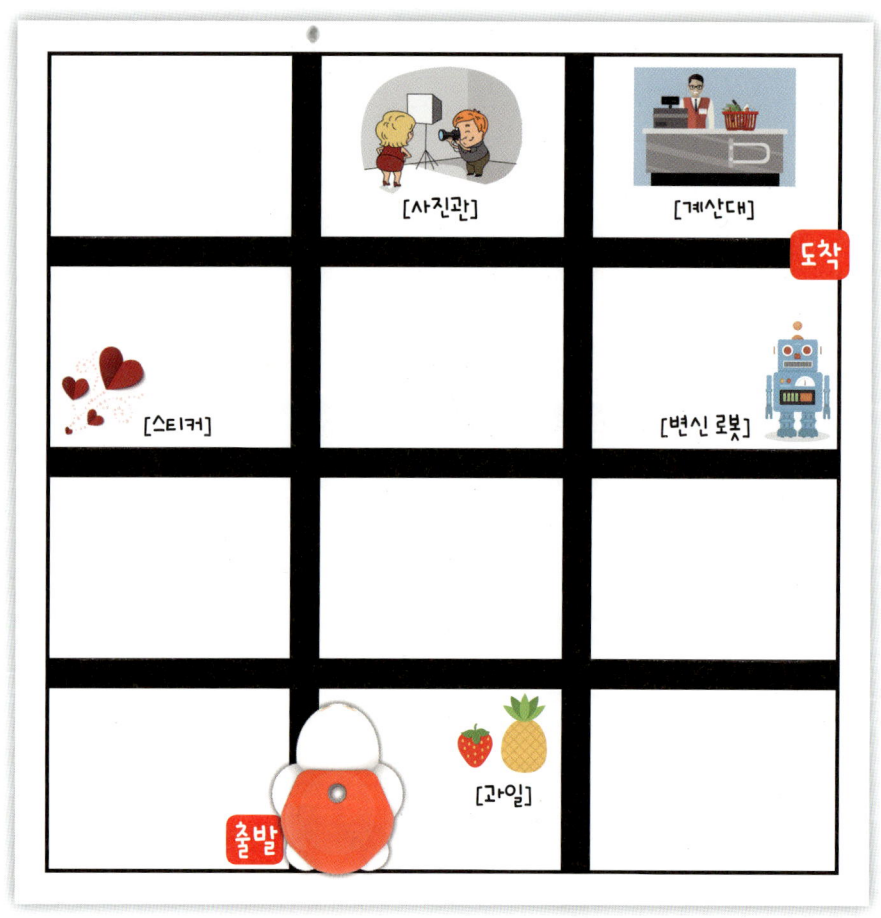

활동 tip!

❶ 과일, 변신 로봇, 스티커 중 어떤 것부터 살 것인지 순서를 정해보세요.

❷ 내가 정한 순서대로 가려면 6개의 교차로에 어떤 색으로 표시해야 할까요?

❸ 부록 활동지에 색깔 사인펜으로 교차로에 표시한 후 라인 코딩을 해보세요.

앞으로   교차로에서 왼쪽   교차로에서 오른쪽   돌아가기   정지

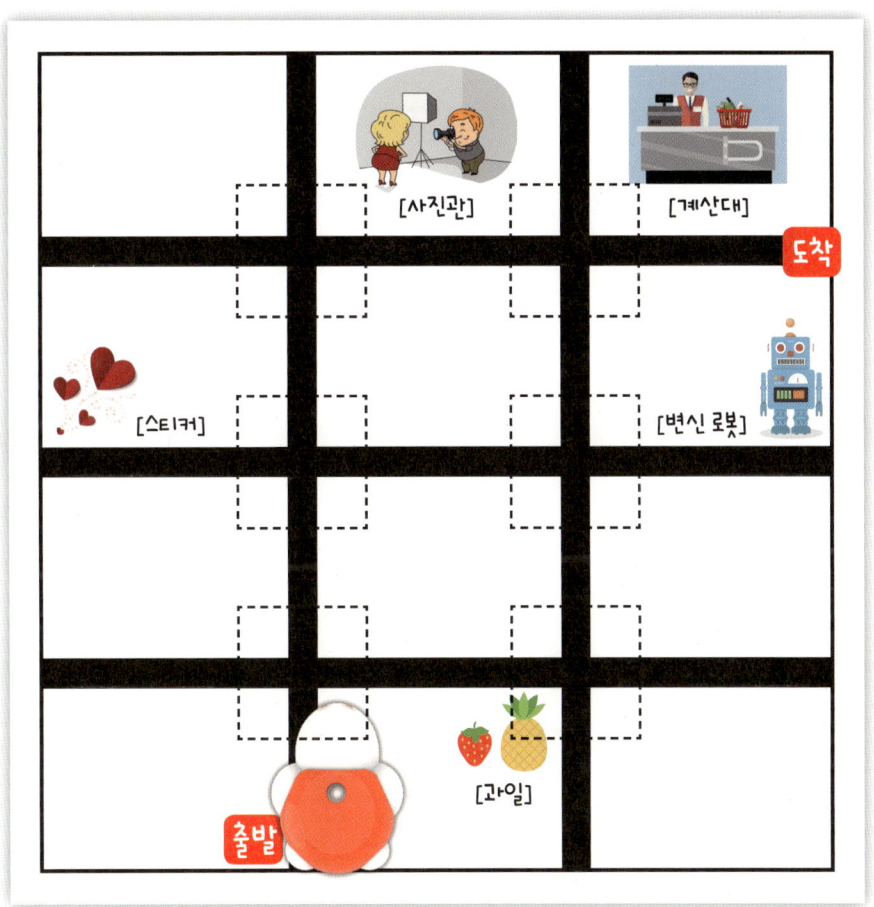

PART 02 :: 라인 코딩 응용 활동 · 085

05 두더지 집은 어디?

터틀 로봇이 두더지 집에 놀러가는 길이예요. 그런데 두더지가 땅굴을 이리저리 파놓은 바람에 집까지 가는 길이 군데군데 끊어져 있어요. 터틀 로봇이 연결된 길을 찾아 가장 빠르게 집에 도착하는 방법을 찾아주세요. 부록의 활동지에 색깔 사인펜을 이용해서 직접 터틀 로봇에게 명령을 내려 보세요.

놀이목표 | 문제 해결을 위한 효율적인 방법을 찾는다.
난 이 도 | ★★★
준 비 물 | 터틀 로봇, 부록의 '활동 22 활동지(두더지 집은 어디?)', 색깔 사인펜, 초시계

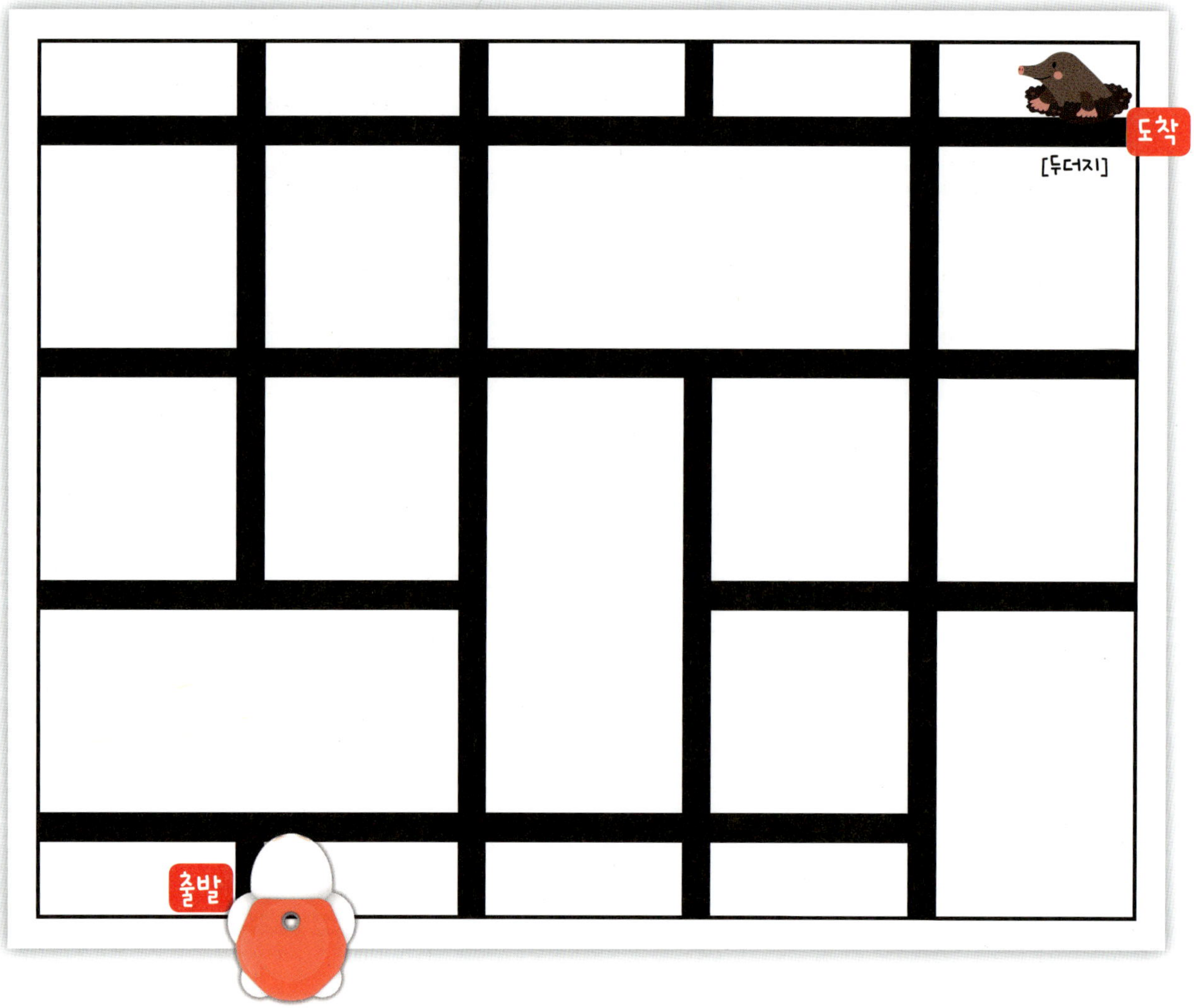

활동 tip!

❶ 두더지가 집으로 갈 수 있는 방법은 대표적으로 3가지가 있어요.

❷ 3가지 경우의 경로를 찾고, 각 경로마다 터틀 로봇이 움직이는 시간을 초시계로 재어보세요.

❸ 부록 활동지에 색깔 사인펜으로 교차로에 표시한 후 라인 코딩을 해보세요.

앞으로   교차로에서 왼쪽   교차로에서 오른쪽   돌아가기   정지

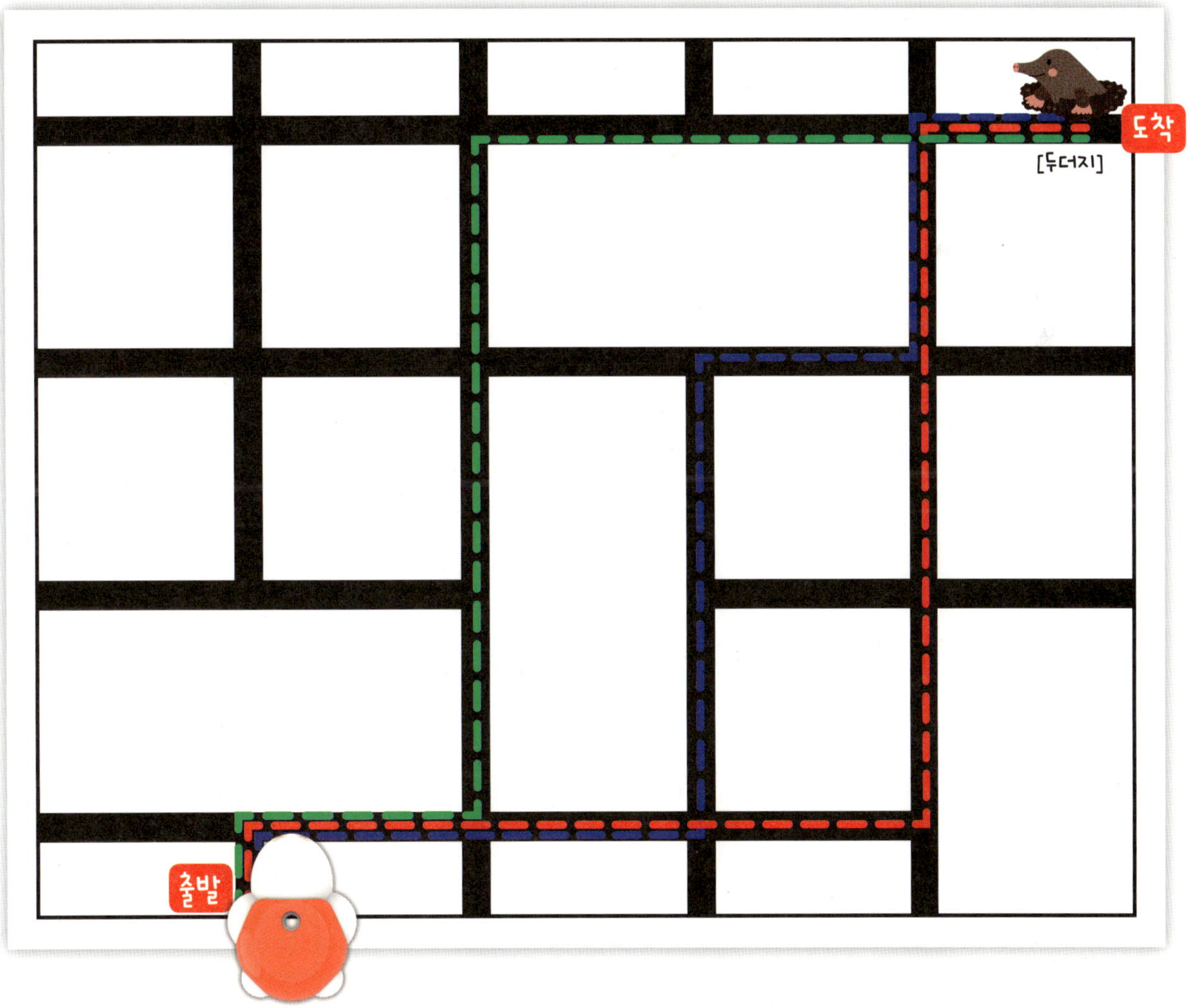

PART 02 :: 라인 코딩 응용 활동 · **087**

정답 페이지

 미션도전! 01 정답 집으로 가는길

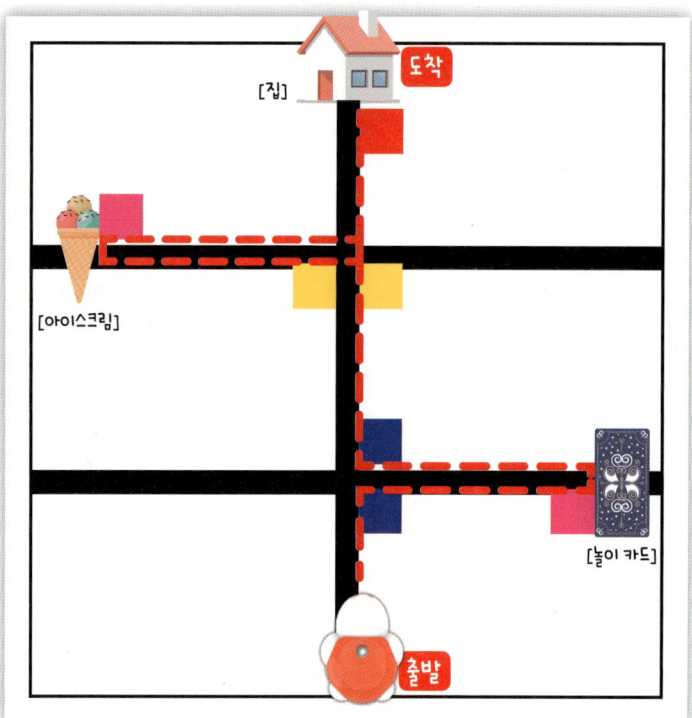

 미션도전! 02 정답 동물원에는 어떤 동물이?

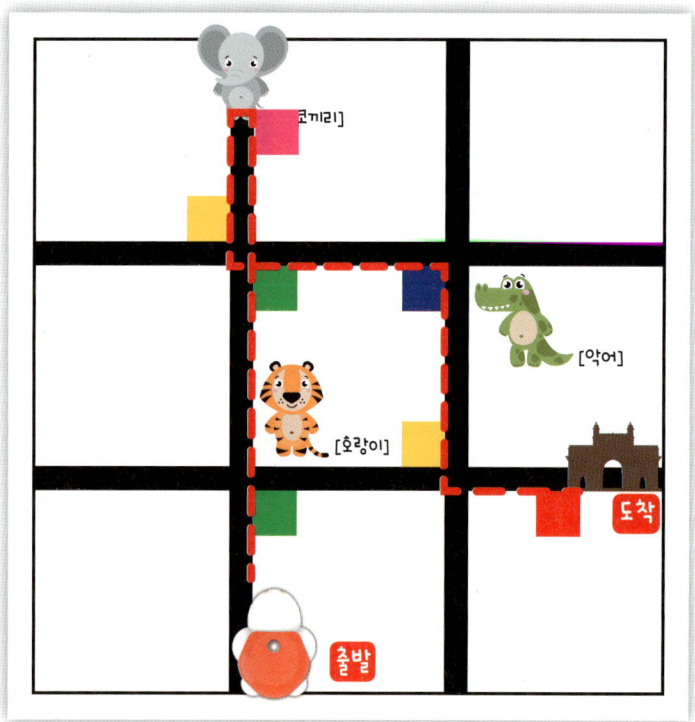

 미션도전! **03** 정답 신나는 놀이공원

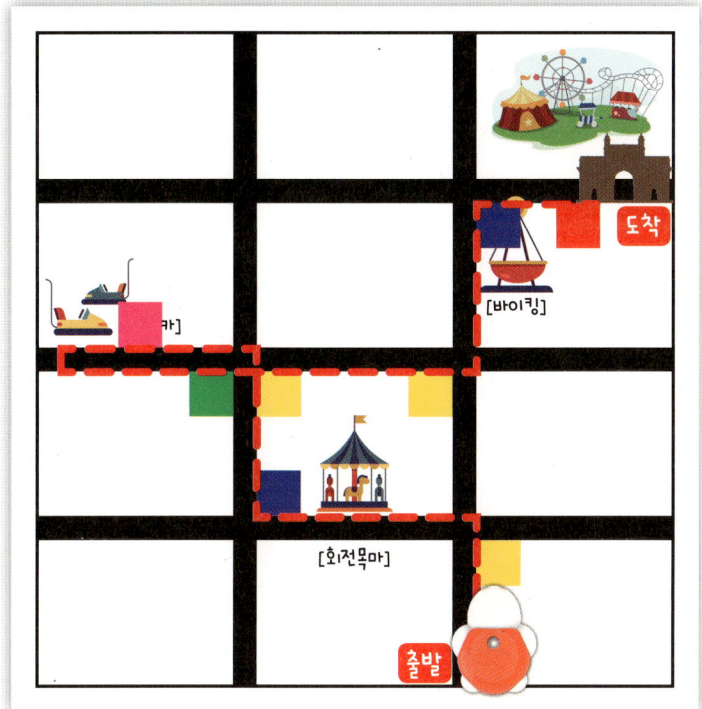

 미션도전! **04** 정답 마트에서 미션 수행

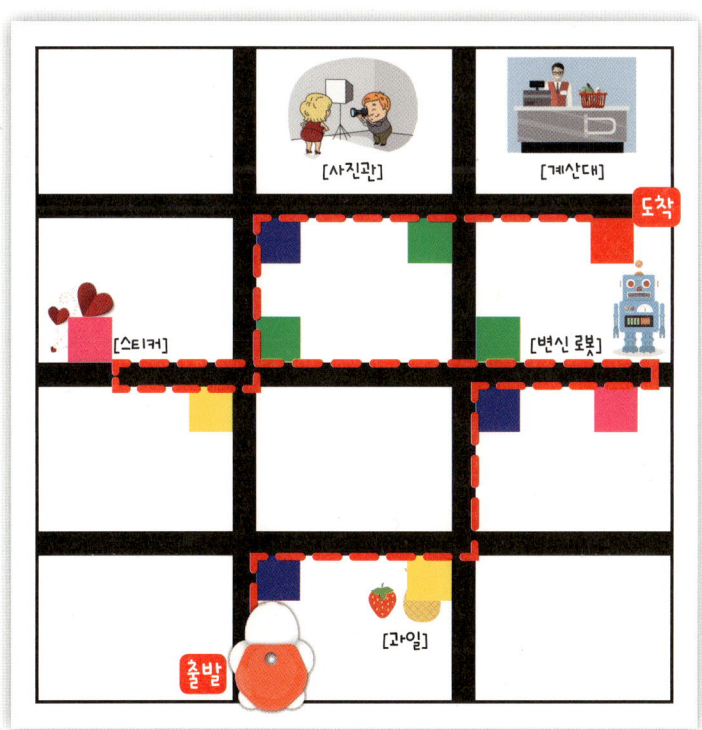

정답 페이지

 **미션도전! 05 정답** 두더지 집은 어디?

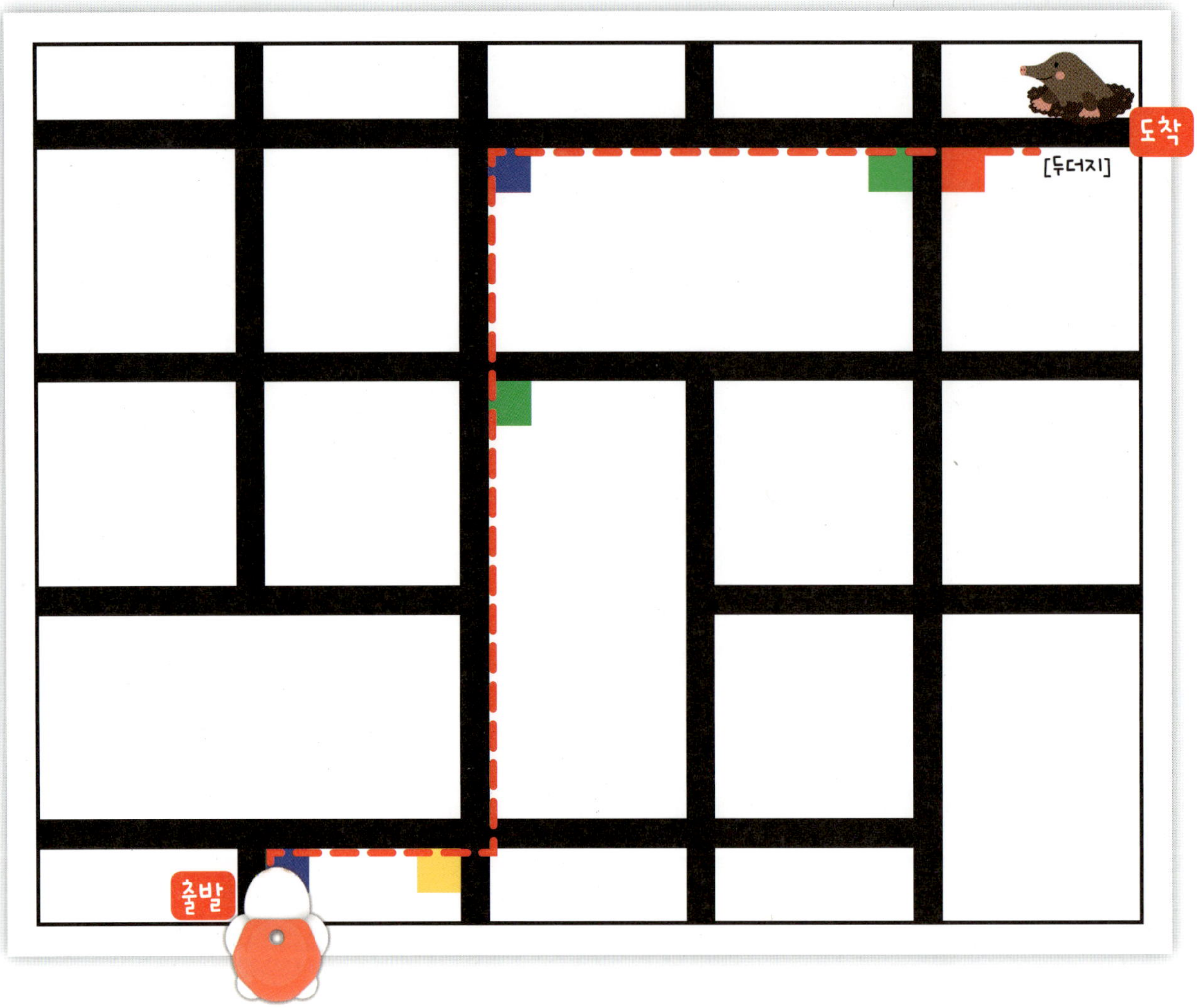

SPECIAL FUNCTION

터틀 로봇의 숨겨진 기능
도형 그리기 모드

터틀 로봇이 이리저리 몸을 움직이면서 도형을 그릴 수 있는 기능이 있어요. 도형 그리기 모드로 진입하는 방법을 알아보아요(카드 코딩편의 카멜레온 악기 모드와 제일 처음 진입 방법은 같음).

▲ 터틀 로봇의 전원 스위치를 켜고 끄고 켭니다. 스위치를 오른쪽→왼쪽→오른쪽 방향으로 쉬지 않고 연달아 움직여 주세요.

▲ 삐삐 소리가 나면서 머리 LED가 하얀색으로 깜빡입니다.

▲ 등 버튼을 길게~ 눌러주면 삐리리~ 삐리리~ 삐리리~ 소리가 나면서 머리 LED가 잠시 빨간색으로 켜지고 하얀색으로 밝아집니다.

1. 터틀 로봇과 색깔 카드, 종이, 사인펜을 준비하세요.

2. 색깔 카드 아랫부분에는 터틀 로봇이 스스로 그릴 수 있는 모양이 있어요.

3. 터틀 로봇 가운데 있는 구멍에 펜을 넣어주세요.

4 원하는 모양의 도형이 그려진 카드를 골라 터틀 로봇에 입력합니다. 터틀 로봇이 카드를 인식하면 카드와 같은 색깔로 머리 LED 색이 변합니다.

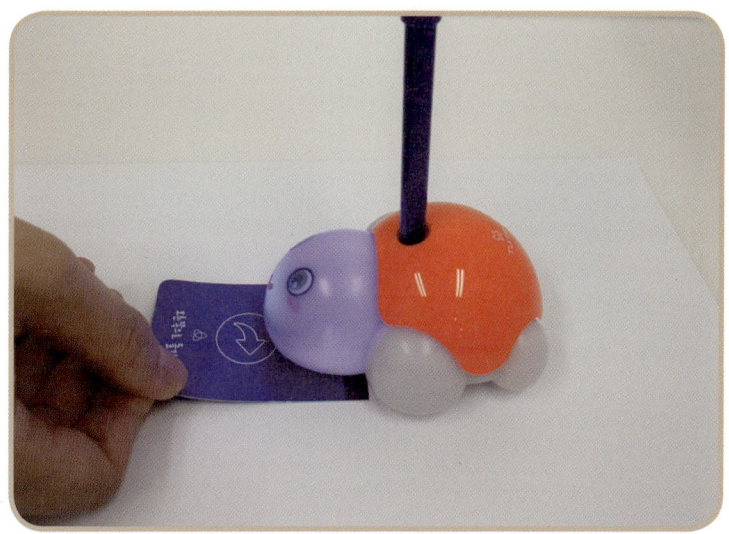

5 터틀 로봇이 카드에 있는 모양을 그리기 시작합니다.

6 터틀 로봇 그림 완성!

엄마, 아빠와
함께하는 학습지

부록
활동지

부 록 * 참 고

책에 있는 부록 자료가 더 필요하다면?
영진닷컴 홈페이지에서 다운로드 할 수 있어요!

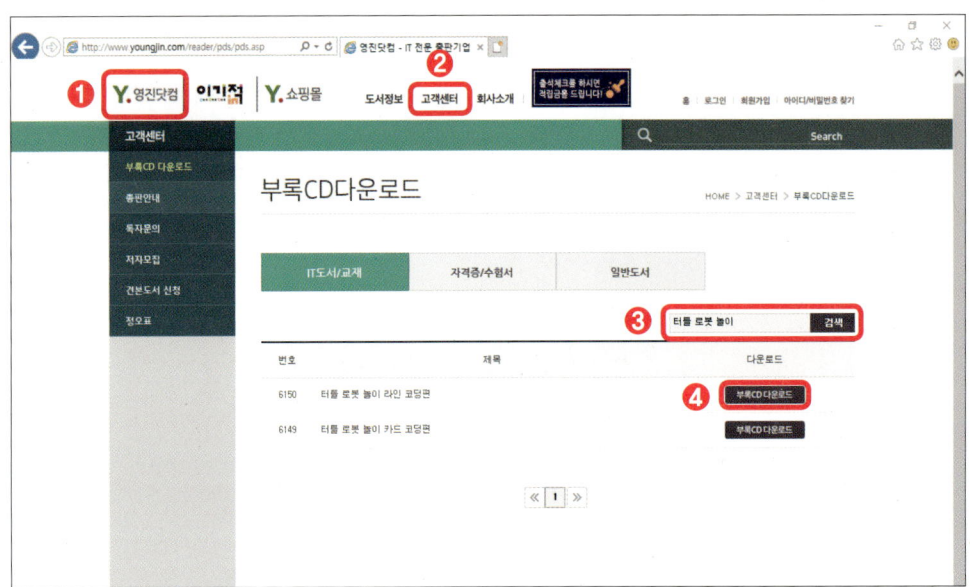

❶ 영진닷컴 홈페이지(www.youngjin.com)에 접속합니다.

❷ [고객센터]를 클릭한 후 [부록CD 다운로드] 게시판에 들어갑니다.

❸ '터틀 로봇 놀이'를 입력한 후 [검색] 버튼을 클릭합니다.

❹ 검색 목록에 나온 '터틀 로봇 놀이 라인 코딩편'의 [부록CD 다운로드] 버튼을 클릭합니다.

❺ 자료를 다운로드 받은 후 프린트해서 사용하면 됩니다.

활동 01 활동지 (직선)

★ 선을 따라 오려서 사용하세요.

활동 02 활동지(직선 및 점선)

★ 선을 따라 오려서 사용하세요.

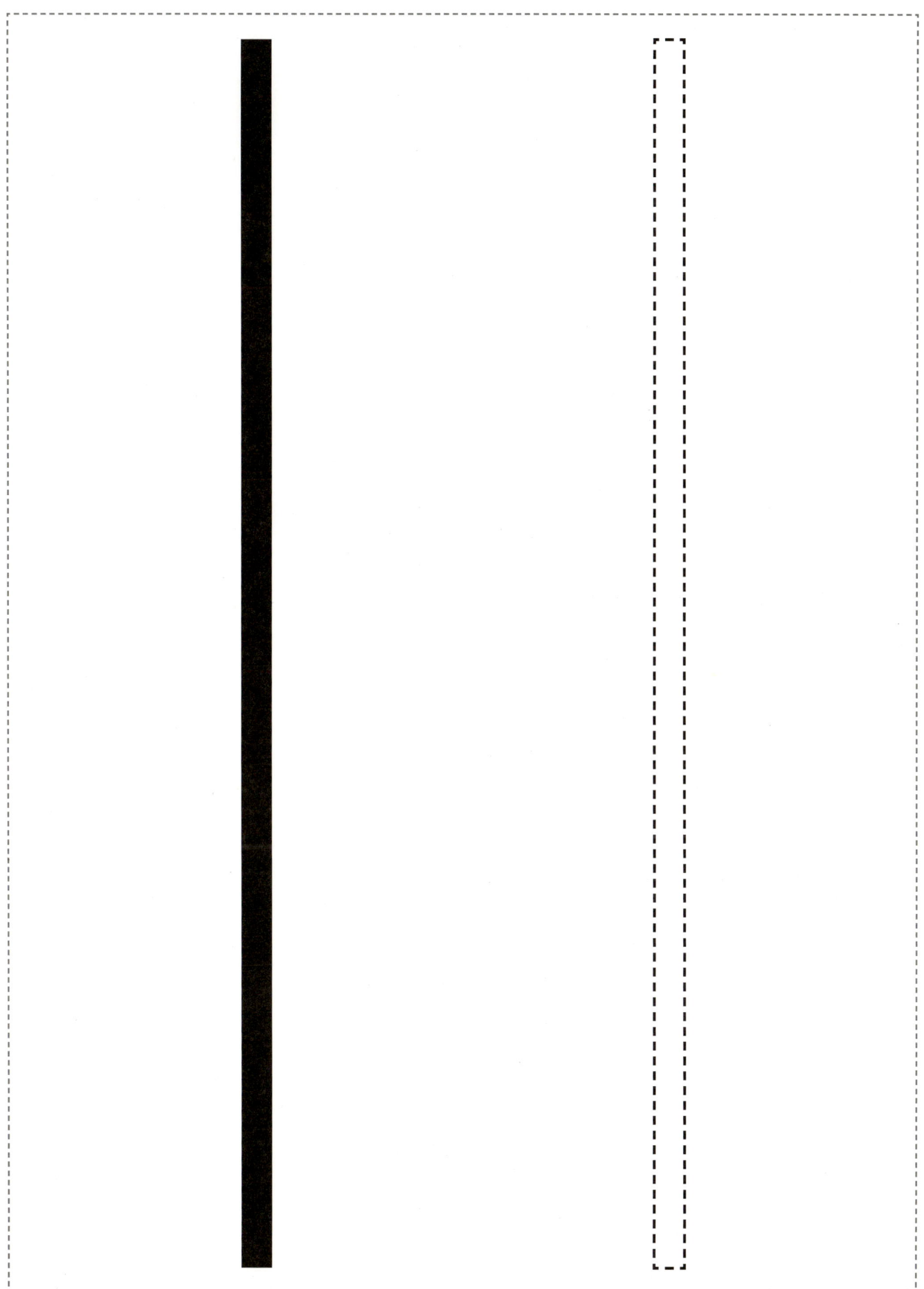

활동 03 활동지(곡선)

★ 선을 따라 오려서 사용하세요.

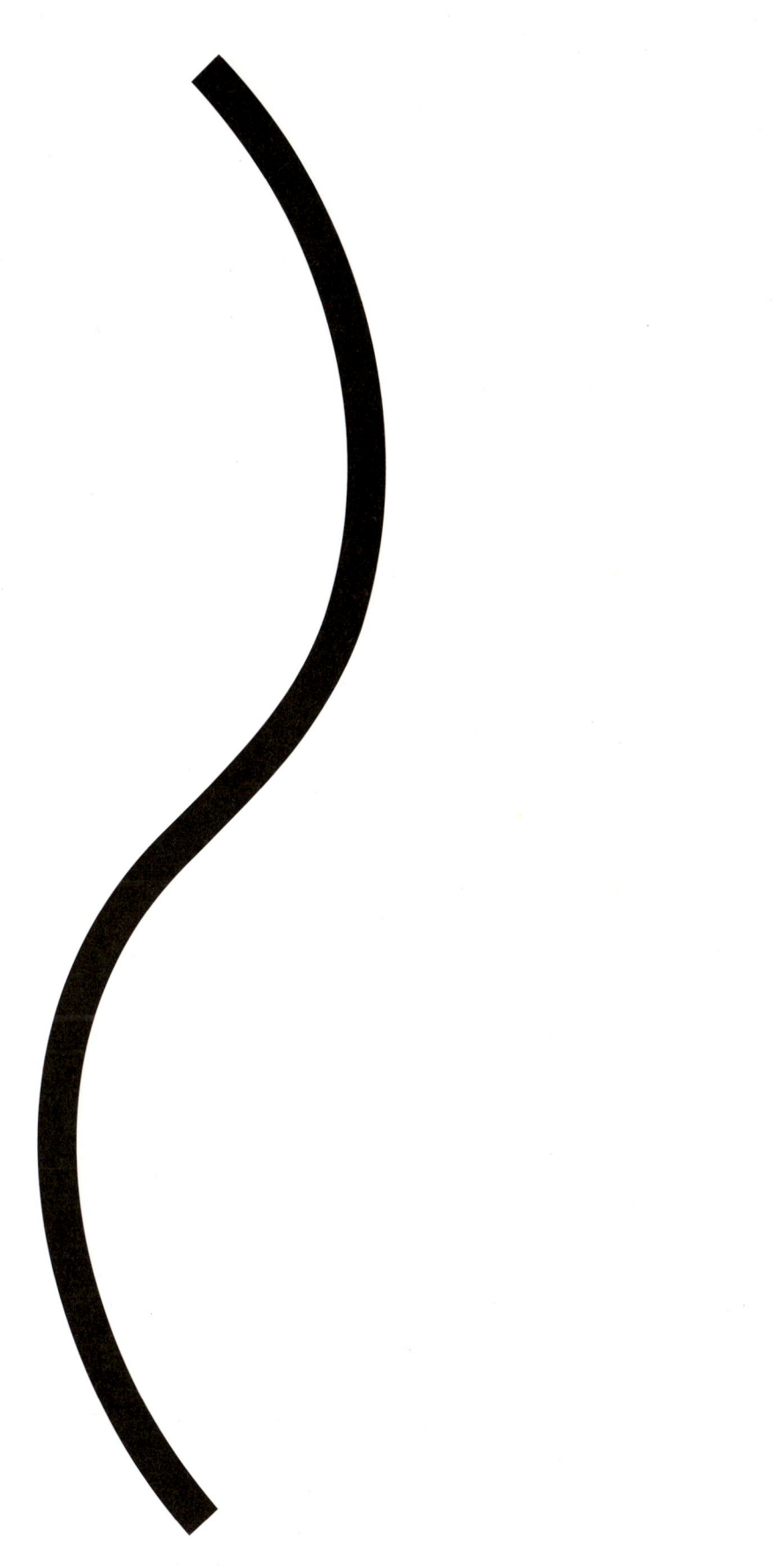

활동 03 활동지(곡선)

활동 04 활동지 (타원)

★ 선을 따라 오려서 사용하세요.

활동지 만드는 방법

활동 05~22 활동지는 2장으로 구성되어 있습니다.
다음의 만드는 방법을 참고하여 활동지를 만들어 보세요.

: 만드는 방법 :

앞 페이지의 Ⓐ와 다음 페이지의 Ⓑ를 가위로 오린 후 Ⓑ의 ▢ 부분에 풀을 발라 두 페이지를 이어 붙여주세요.

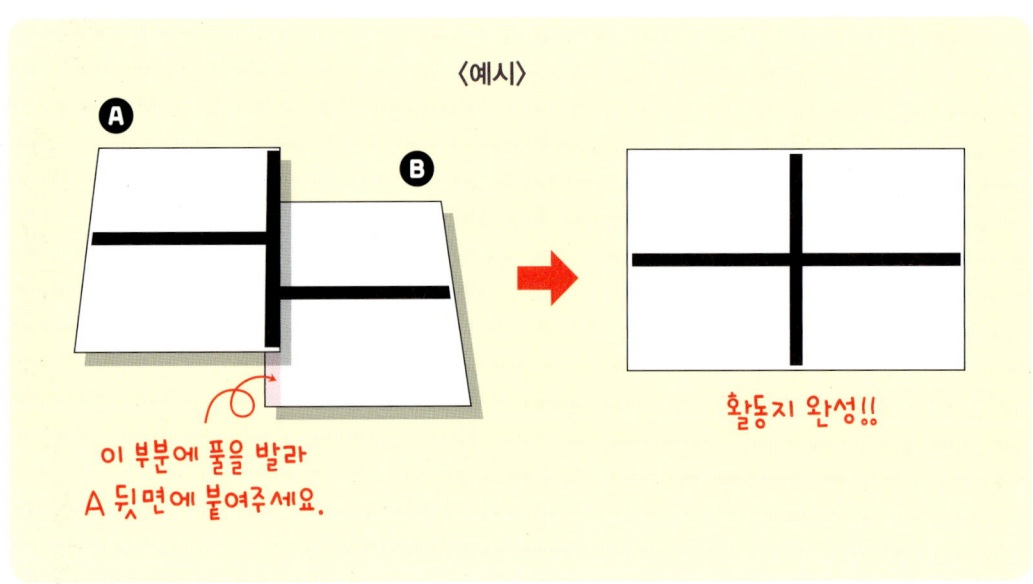

이상 **활동 05 활동지(교차로)** 만드는 방법이였습니다.
이어지는 활동지도 이와 같은 방법으로 만들어 보세요!

활동 05 활동지(교차로)

★ 선을 따라 오려서 사용하세요.

A

 활동 05

⭐ 선을 따라 오려서 사용하세요.

B

출발

활동 06 활동지(앞으로 가기) 선을 따라 오려서 사용하세요.

 활동 06

★ 선을 따라 오려서 사용하세요.

B

 [학교]

 출발

활동 07 활동지(앞으로 가기_도전)

★ 선을 따라 오려서 사용하세요.

Ⓐ

[집]

 활동 07

★ 선을 따라 오려서 사용하세요.

 도착

 출발

활동 08 활동지(오른쪽으로 가기)

★ 선을 따라 오려서 사용하세요.

Ⓐ

 활동 08

★ 선을 따라 오려서 사용하세요.

B

도착

[수영장]

 출발

활동 09 활동지(오른쪽으로 가기_도전)

★ 선을 따라 오려서 사용하세요.

A

 활동 09

★ 선을 따라 오려서 사용하세요.

B

도착

[놀이터]

 출발

활동 10 활동지(왼쪽으로 가기) ★ 선을 따라 오려서 사용하세요.

Ⓐ

[꽃밭]

도착

 활동 10

★ 선을 따라 오려서 사용하세요.

B

출발

활동 11 활동지(왼쪽으로 가기_도전) ★ 선을 따라 오려서 사용하세요.

Ⓐ

 [나무]

도착

 활동 11

★ 선을 따라 오려서 사용하세요.

 출발

활동 12 활동지(돌아가기_직진으로 돌아가기)

★ 선을 따라 오려서 사용하세요.

Ⓐ

[텃밭]

[집]

활동 12

★ 선을 따라 오려서 사용하세요.

B

도착

출발

활동 13 활동지 (돌아가기_직진으로 돌아가기_도전)

✦ 선을 따라 오려서 사용하세요.

Ⓐ

[놀이터]

[집]

★ 선을 따라 오려서 사용하세요.

도착

출발

 **활동 14** 활동지(돌아가기_오른쪽 방향으로 돌아가기)

★ 선을 따라 오려서 사용하세요.

Ⓐ

[도서관]

[집]

 활동 14

★ 선을 따라 오려서 사용하세요.

B

 [학교]

 출발  도착

활동 15 활동지(돌아가기_오른쪽 방향으로 돌아가기_도전) ★ 선을 따라 오려서 사용하세요.

[약국]

[집]

 활동 15 ★ 선을 따라 오려서 사용하세요.

 [병원]

활동 16 활동지(돌아가기_왼쪽 방향으로 돌아가기)

★ 선을 따라 오려서 사용하세요.

A

[샌드위치]

[집]

 활동 16

⭐ 선을 따라 오려서 사용하세요.

[공원]

출발 도착

활동 17

⭐ 선을 따라 오려서 사용하세요.

[블록 놀이]

출발 도착

활동 18 활동지(집으로 가는 길)

⭐ 선을 따라 오려서 사용하세요.

[집]

도착

[아이스크림]

A

 활동 18

★ 선을 따라 오려서 사용하세요.

B

[놀이 카드]

출발

활동 19 활동지(동물원에는 어떤 동물이?)

★ 선을 따라 오려서 사용하세요.

활동 19

★ 선을 따라 오려서 사용하세요.

[악어]

도착

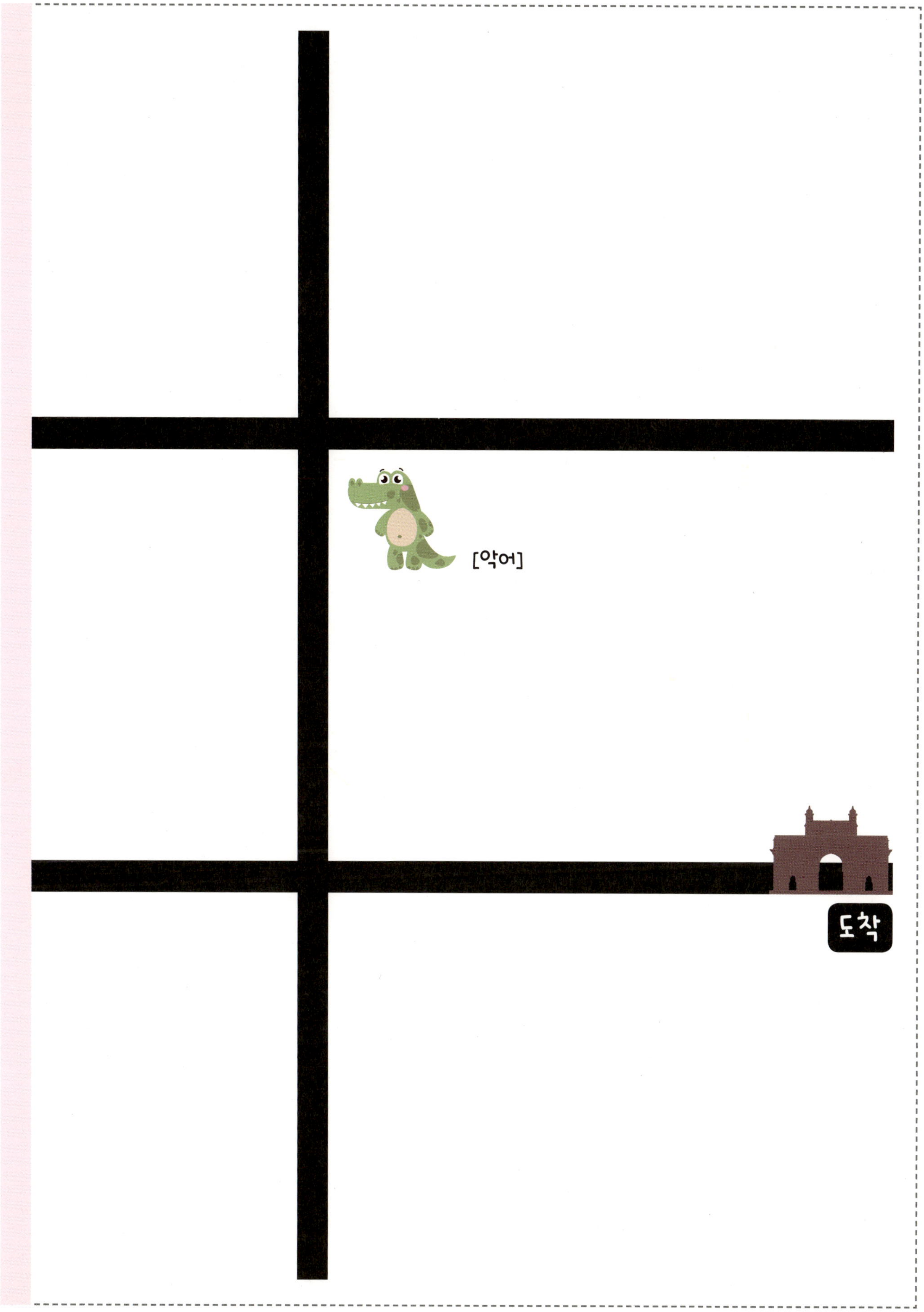

활동 20 활동지 (신나는 놀이공원)

★ 선을 따라 오려서 사용하세요.

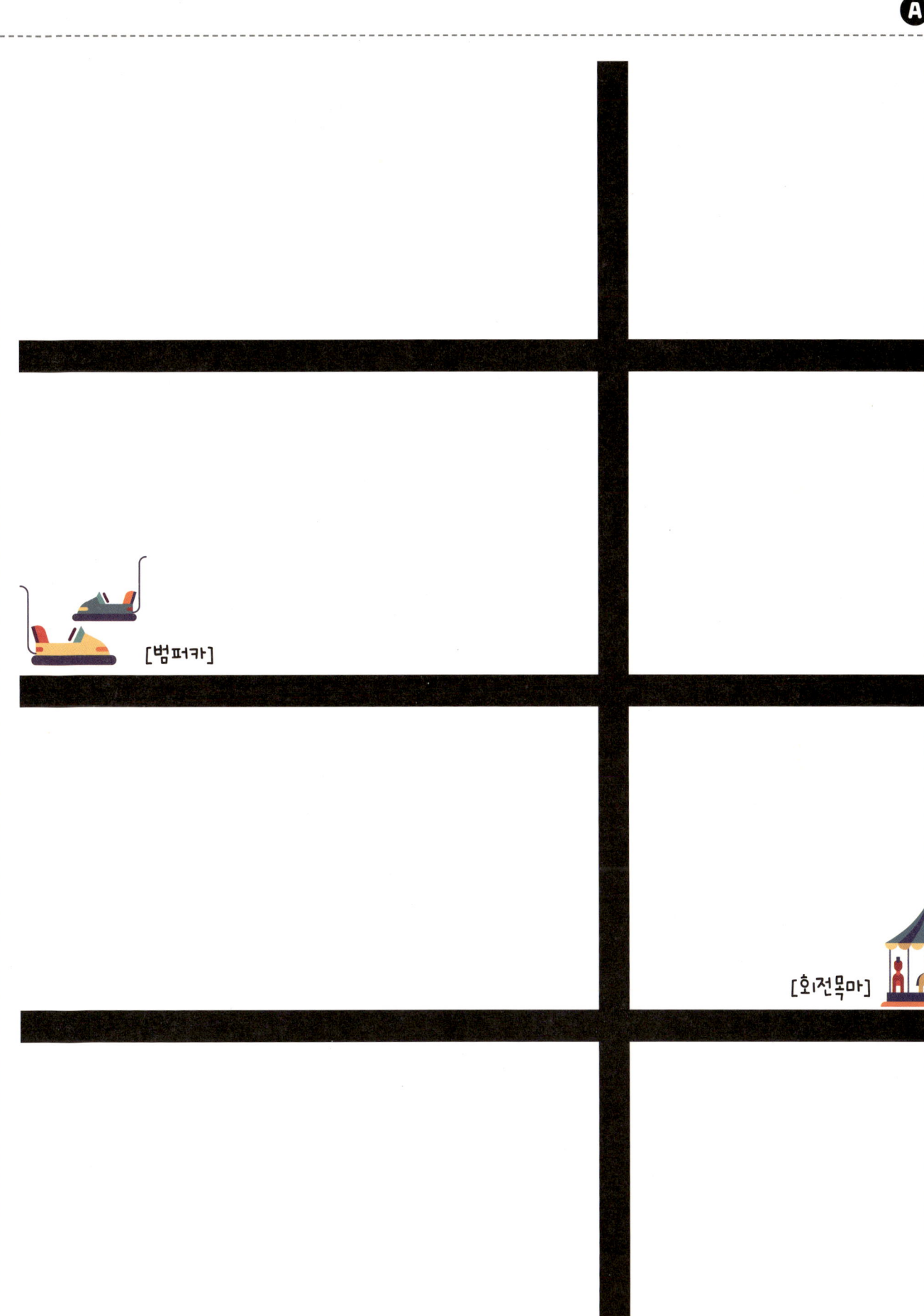

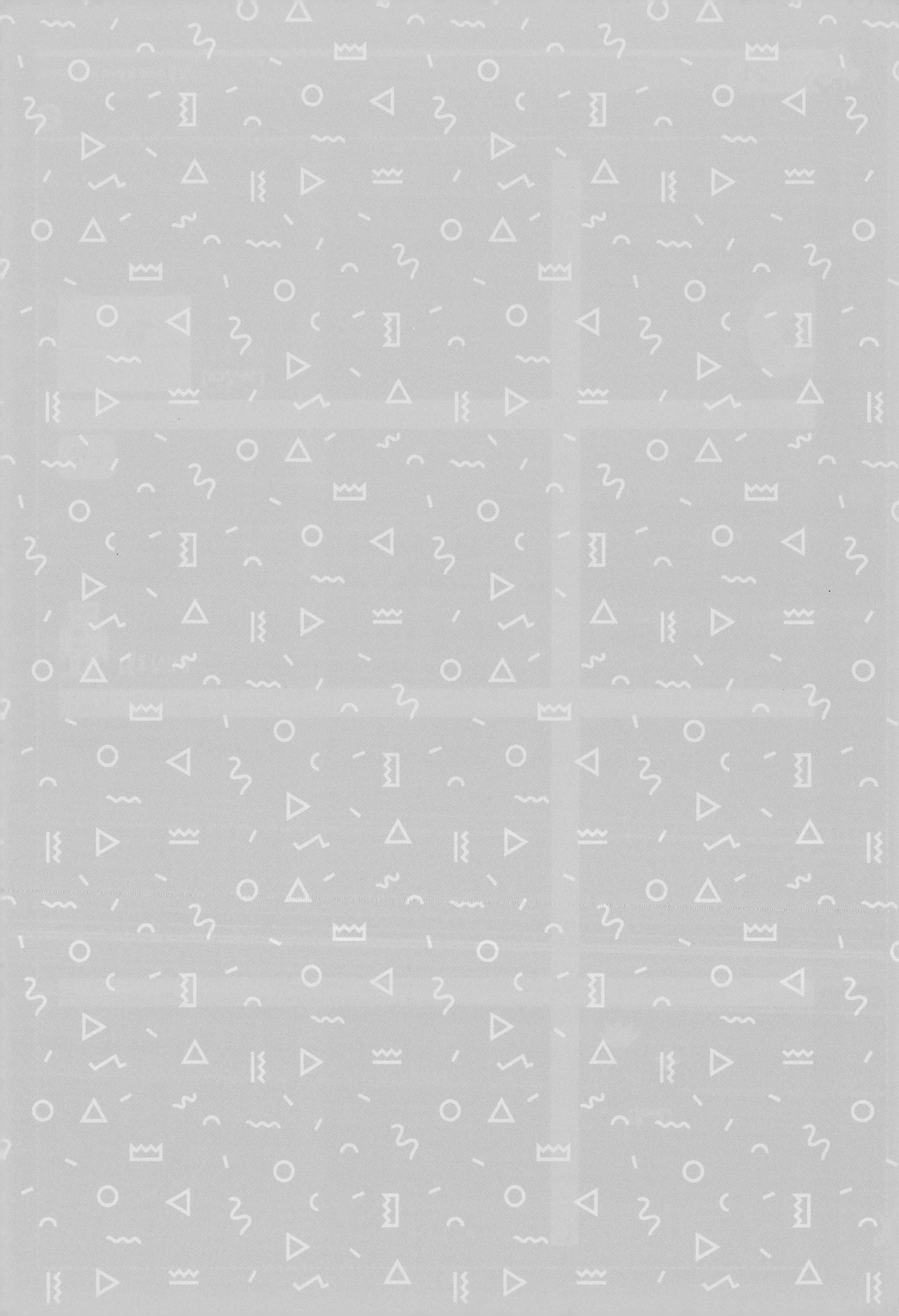

활동 22 활동지(두더지 집은 어디?)

★ 선을 따라 오려서 사용하세요.

활동 22

★ 선을 따라 오려서 사용하세요.

[두더지]

도착